TRANZLATY

Language is for everyone

Taal is vir almal

The Little Mermaid

Die Meerminnetjie

Hans Christian Andersen

English / Afrikaans

Copyright © 2023 Tranzlaty
All rights reserved.
Published by Tranzlaty
ISBN: 978-1-83566-958-7
Original text by Hans Christian Andersen
Den Lille Havfrue
First published in Danish in 1837
www.tranzlaty.com

The Sea King's Palace
Die paleis van die Seekoning

Far out in the ocean, where the water is blue
Ver buite in die see, waar die water blou is
here the water is as blue as the prettiest cornflower
hier is die water so blou soos die mooiste mielieblom
and the water is as clear as the purest crystal
en die water is so helder soos die suiwerste kristal
this water, far out in the ocean is very, very deep
hierdie water, ver in die see, is baie, baie diep
water so deep, indeed, that no cable could reach the bottom
water so diep, inderdaad, dat geen kabel die bodem kon bereik nie
you could pile many church steeples upon each other
jy kon baie kerktorings op mekaar stapel
but all the churches could not reach the surface of the water
maar al die kerke kon nie die oppervlak van die water bereik nie
There dwell the Sea King and his subjects
Daar woon die Seekoning en sy onderdane
you might think it is just bare yellow sand at the bottom
jy dink dalk dis net kaal geel sand aan die onderkant
but we must not imagine that there is nothing there
maar ons moet ons nie voorstel dat daar niks is nie
on this sand grow the strangest flowers and plants
op hierdie sand groei die vreemdste blomme en plante
and you can't imagine how pliant the leaves and stems are
en jy kan jou nie indink hoe buigsaam die blare en stingels is nie
the slightest agitation of the water causes the leaves to stir
die geringste roering van die water laat die blare roer
it is as if each leaf had a life of its own
dit is asof elke blaar sy eie lewe gehad het
Fishes, both large and small, glide between the branches
Visse, beide groot en klein, gly tussen die takke

just like when birds fly among the trees here upon land
net soos wanneer voëls tussen die bome hier op land vlieg

In the deepest spot of all stands a beautiful castle
In die diepste plek van alles staan 'n pragtige kasteel
this beautiful castle is the castle of the Sea King
hierdie pragtige kasteel is die kasteel van die Sea King
the walls of the castle are built of coral
die mure van die kasteel is van koraal gebou
and the long Gothic windows are of the clearest amber
en die lang Gotiese vensters is van die helderste amber
The roof of the castle is formed of sea shells
Die dak van die kasteel is gevorm van seeskulpe
and the shells open and close as the water flows over them
en die skulpe gaan oop en toe soos die water daaroor vloei
Their appearance is more beautiful than can be described
Hulle voorkoms is mooier as wat beskryf kan word
within each shell there lies a glittering pearl
binne elke dop lê 'n glinsterende pêrel
and each pearl would be fit for the diadem of a queen
en elke pêrel sou geskik wees vir die diadeem van 'n koningin

The Sea King had been a widower for many years
Die Sea King was vir baie jare 'n wewenaar
and his aged mother looked after the household for him
en sy bejaarde moeder het vir hom die huisgesin opgepas
She was a very sensible woman
Sy was 'n baie verstandige vrou
but she was exceedingly proud of her royal birth
maar sy was uitermate trots op haar koninklike geboorte
and on that account she wore twelve oysters on her tail
en daarom het sy twaalf oesters op haar stert gedra
others of high rank were only allowed to wear six oysters
ander van hoë rang is slegs toegelaat om ses oesters te dra
She was, however, deserving of very great praise
Sy het egter baie groot lof verdien

there was something she especially deserved praise for
daar was iets waarvoor sy veral lof verdien het
she took great care of the little sea princesses
sy het baie gesorg vir die die klein seeprinsesse
she had six granddaughters that she loved
sy het ses kleindogters gehad vir wie sy lief was
all the sea princesses were beautiful children
al die seeprinsesse was pragtige kinders
but the youngest sea princess was the prettiest of them
maar die jongste seeprinses was die mooiste van hulle
Her skin was as clear and delicate as a rose leaf
Haar vel was so helder en delikaat soos 'n roosblaar
and her eyes were as blue as the deepest sea
en haar oë was so blou soos die diepste see
but, like all the others, she had no feet
maar, soos al die ander, het sy geen voete gehad nie
and at the end of her body was a fish's tail
en aan die einde van haar lyf was 'n vis se stert

All day long they played in the great halls of the castle
Die hele dag lank het hulle in die groot sale van die kasteel gespeel
out of the walls of the castle grew beautiful flowers
uit die mure van die kasteel het pragtige blomme gegroei
and she loved to play among the living flowers
en sy was mal daaroor om tussen die lewende blomme te speel
The large amber windows were open, and the fish swam in
Die groot amber vensters was oop, en die visse het ingeswem
it is just like when we leave the windows open
dit is net soos wanneer ons die vensters oop los
and then the pretty swallows fly into our houses
en dan vlieg die mooi swaeltjies ons huise binne
only the fishes swam up to the princesses
net die visse het tot by die prinsesse geswem
they were the only ones that ate out of her hands

hulle was die enigstes wat uit haar hande geëet het
and they allowed themselves to be stroked by her
en hulle het toegelaat dat hulle deur haar gestreel word

Outside the castle there was a beautiful garden
Buite die kasteel was daar 'n pragtige tuin
in the garden grew bright-red and dark-blue flowers
in die tuin het helderrooi en donkerblou blomme gegroei
and there grew blossoms like flames of fire
en daar het bloeisels gegroei soos vuurvlamme
the fruit on the plants glittered like gold
die vrugte aan die plante het soos goud geglinster
and the leaves and stems continually waved to and fro
en die blare en stingels het voortdurend heen en weer gewaai
The earth on the ground was the finest sand
Die aarde op die grond was die fynste sand
but this sand does not have the colour of the sand we know
maar hierdie sand het nie die kleur van die sand wat ons ken nie
this sand is as blue as the flame of burning sulphur
hierdie sand is so blou soos die vlam van brandende swael
Over everything lay a peculiar blue radiance
Oor alles lê 'n eienaardige blou glans
it is as if the blue sky were everywhere
dit is asof die blou lug oral is
the blue of the sky was above and below
die blou van die lug was bo en onder
In calm weather the sun could be seen
In kalm weer kon die son gesien word
from here the sun looked like a reddish-purple flower
van hier af het die son soos 'n rooi-pers blom gelyk
and the light streamed from the calyx of the flower
en die lig het uit die kelk van die blom gestroom

the palace garden was divided into several parts
die paleistuin was in verskeie dele verdeel

Each of the princesses had their own little plot of ground
Elkeen van die prinsesse het hul eie klein stuk grond gehad
on this plot they could plant whatever flowers they pleased
op hierdie plot kon hulle die blomme plant wat hulle wil
one princess arranged her flower bed in the form of a whale
een prinses het haar blombedding in die vorm van 'n walvis gerangskik
one princess arranged her flowers like a little mermaid
een prinses het haar blomme soos 'n klein meermin gerangskik
and the youngest child made her garden round, like the sun
en die jongste kind het haar tuin rond gemaak, soos die son
and in her garden grew beautiful red flowers
en in haar tuin het pragtige rooi blomme gegroei
these flowers were as red as the rays of the sunset
hierdie blomme was so rooi soos die strale van die sonsondergang

She was a strange child; quiet and thoughtful
Sy was 'n vreemde kind; stil en bedagsaam
her sisters showed delight at the wonderful things
haar susters het genot getoon oor die wonderlike dinge
the things they obtained from the wrecks of vessels
die dinge wat hulle uit die wrakke van skepe gekry het
but she cared only for her pretty red flowers
maar sy het net vir haar mooi rooi blomme omgegee
although there was also a beautiful marble statue
hoewel daar ook 'n pragtige marmerbeeld was
the statue was the representation of a handsome boy
die standbeeld was die voorstelling van 'n aantreklike seun
the boy had been carved out of pure white stone
die seuntjie was uit spierwit klip gekap
and the statue had fallen to the bottom of the sea from a wreck
en die standbeeld het uit 'n wrak op die bodem van die see geval

for this marble statue of a boy she cared about too
vir hierdie marmerbeeld van 'n seuntjie vir wie sy ook omgegee het

She planted, by the statue, a rose-colored weeping willow
Sy het, by die standbeeld, 'n rooskleurige huilwilgerboom geplant

and soon the weeping willow hung its fresh branches over the statue
en gou het die huilwilger sy vars takke oor die standbeeld gehang

the branches almost reached down to the blue sands
die takke reik amper tot by die blou sand

The shadows of the tree had the color of violet
Die skaduwees van die boom het die kleur van violet gehad

and the shadows waved to and fro like the branches
en die skaduwees het heen en weer gewaai soos die takke

all of this created the most interesting illusion
dit alles het die interessantste illusie geskep

it was as if the crown of the tree and the roots were playing
dit was asof die kroon van die boom en die wortels speel

it looked as if they were trying to kiss each other
dit het gelyk of hulle mekaar probeer soen

her greatest pleasure was hearing about the world above
haar grootste plesier was om van die wêreld daarbo te hoor

the world above the deep sea she lived in
die wêreld bo die diepsee waarin sy gewoon het

She made her old grandmother tell her all about the upper world
Sy het haar ou ouma haar alles van die boonste wêreld laat vertel

the ships and the towns, the people and the animals
die skepe en die dorpe, die mense en die diere

up there the flowers of the land had fragrance
daar bo het die blomme van die land geur gehad

the flowers below the sea had no fragrance
die blomme onder die see het geen geur gehad nie
up there the trees of the forest were green
daar bo was die bome van die woud groen
and the fishes in the trees could sing beautifully
en die visse in die bome kon pragtig sing
up there it was a pleasure to listen to the fish
Daar bo was dit 'n plesier om na die visse te luister
her grandmother called the birds fishes
haar ouma het die voëls visse genoem
else the little mermaid would not have understood
anders sou die klein meermin nie verstaan het nie
because the little mermaid had never seen birds
want die meermin het nog nooit voëls gesien nie

her grandmother told her about the rites of mermaids
haar ouma het haar vertel van die rites van meerminne
"one day you will reach your fifteenth year"
"eendag sal jy jou vyftiende jaar bereik"
"then you will have permission to go to the surface"
"dan sal jy toestemming hê om na die oppervlak te gaan"
"you will be able to sit on the rocks in the moonlight"
"jy sal in die maanlig op die rotse kan sit"
"and you will see the great ships go sailing by"
"en jy sal die groot skepe sien verbyvaar"
"Then you will see forests and towns and the people"
"Dan sal jy woude en dorpe en die mense sien"

the following year one of the sisters was going to be fifteen
die volgende jaar sou een van die susters vyftien word
but each sister was a year younger than the other
maar elke suster was 'n jaar jonger as die ander
the youngest sister was going to have to wait five years before her turn
die jongste suster gaan vyf jaar moet wag voor haar beurt
only then could she rise up from the bottom of the ocean

eers dan kon sy van die bodem van die see opstaan
and only then could she see the earth as we do
en dan eers kon sy die aarde sien soos ons
However, each of the sisters made each other a promise
Elkeen van die susters het egter vir mekaar 'n belofte gemaak
they were going to tell the others what they had seen
hulle gaan vir die ander vertel wat hulle gesien het
Their grandmother could not tell them enough
Hulle ouma kon hulle nie genoeg vertel nie
there were so many things they wanted to know about
daar was so baie dinge waarvan hulle wou weet

the youngest sister longed for her turn the most
die jongste suster het die meeste na haar beurt verlang
but, she had to wait longer than all the others
maar, sy moes langer wag as al die ander
and she was so quiet and thoughtful about the world
en sy was so stil en bedagsaam oor die wêreld
there were many nights where she stood by the open window
daar was baie nagte waar sy by die oop venster gestaan het
and she looked up through the dark blue water
en sy kyk op deur die donkerblou water
and she watched the fish as they splashed with their fins
en sy het die visse dopgehou terwyl hulle met hul vinne spat
She could see the moon and stars shining faintly
Sy kon die maan en sterre flou sien skyn
but from deep below the water these things look different
maar van diep onder die water af lyk hierdie dinge anders
the moon and stars looked larger than they do to our eyes
die maan en sterre het groter gelyk as wat hulle vir ons oë lyk
sometimes, something like a black cloud went past
soms het iets soos 'n swart wolk verbygegaan
she knew that it could be a whale swimming over her head
sy weet dat dit 'n walvis kan wees wat oor haar kop swem
or it could be a ship, full of human beings

of dit kan 'n skip wees, vol mense
human beings who couldn't imagine what was under them
mense wat nie kon indink wat onder hulle was nie
a pretty little mermaid holding out her white hands
'n mooi meermin wat haar wit hande uithou
a pretty little mermaid reaching towards their ship
'n mooi meermin wat na hul skip reik

The Little Mermaid's Sisters
Die Klein Meermin se Susters

The day came when the eldest mermaid had her fifteenth birthday
Die dag het aangebreek toe die oudste meermin haar vyftiende verjaarsdag het
now she was allowed to rise to the surface of the ocean
nou is sy toegelaat om na die oppervlak van die see te styg
and that night she swum up to the surface
en daardie aand het sy na die oppervlak geswem
you can imagine all the things she saw up there
jy kan jou al die dinge voorstel wat sy daar gesien het
and you can imagine all the things she had to talk about
en jy kan jou al die dinge voorstel waaroor sy moes praat
But the finest thing, she said, was to lie on a sand bank
Maar die beste ding, het sy gesê, was om op 'n sandbank te lê
in the quiet moonlit sea, near the shore
in die stil maanverligte see, naby die kus
from there she had gazed at the lights on the land
van daar af het sy na die ligte op die land gekyk
they were the lights of the near-by town
hulle was die ligte van die nabygeleë dorp
the lights had twinkled like hundreds of stars
die ligte het soos honderde sterre geglinster
she had listened to the sounds of music from the town
sy het na die klanke van musiek uit die dorp geluister
she had heard noise of carriages drawn by their horses
sy het geraas gehoor van waens wat deur hul perde getrek word
and she had heard the voices of human beings
en sy het die stemme van mense gehoor
and the had heard merry pealing of the bells
en hulle het die vrolike gelui van die klokke gehoor
the bells ringing in the church steeples
die klokke wat in die kerktorings lui

but she could not go near all these wonderful things
maar sy kon nie naby al hierdie wonderlike dinge kom nie
so she longed for these wonderful things all the more
daarom het sy des te meer na hierdie wonderlike dinge
verlang

you can imagine how eagerly the youngest sister listened
jy kan jou indink hoe gretig die jongste suster geluister het
the descriptions of the upper world were like a dream
die beskrywings van die boonste wêreld was soos 'n droom
afterwards she stood at the open window of her room
daarna staan sy by die oop venster van haar kamer
and she looked to the surface, through the dark-blue water
en sy kyk na die oppervlak, deur die donkerblou water
she thought of the great city her sister had told her of
sy het gedink aan die groot stad waarvan haar suster haar
vertel het
the great city with all its bustle and noise
die groot stad met al sy gewoel en geraas
she even fancied she could hear the sound of the bells
sy het selfs gedink sy kan die geluid van die klokke hoor
she imagined the sound of the bells carried to the depths of the sea
sy verbeel haar die geluid van die klokke wat na die dieptes
van die see gedra word

after another year the second sister had her birthday
na nog 'n jaar het die tweede suster verjaar
she too received permission to swim up to the surface
sy het ook toestemming gekry om na die oppervlak te swem
and from there she could swim about where she pleased
en van daar af kon sy swem waar sy wil
She had gone to the surface just as the sun was setting
Sy het na die oppervlak gegaan net toe die son sak
this, she said, was the most beautiful sight of all
dit, het sy gesê, was die mooiste gesig van almal

The whole sky looked like a disk of pure gold
Die hele lug het soos 'n skyf van suiwer goud gelyk
and there were violet and rose-colored clouds
en daar was pers en rooskleurige wolke
they were too beautiful to describe, she said
hulle was te mooi om te beskryf, het sy gesê
and she said how the clouds drifted across the sky
en sy het gesê hoe die wolke oor die lug dryf
and something had flown by more swiftly than the clouds
en iets het vinniger verbygevlieg as die wolke
a large flock of wild swans flew toward the setting sun
'n groot swerm wilde swane het na die ondergaande son gevlieg
the swans had been like a long white veil across the sea
die swane was soos 'n lang wit sluier oor die see
She had also tried to swim towards the sun
Sy het ook probeer om na die son te swem
but some distance away the sun sank into the waves
maar 'n ent verder het die son in die branders weggesak
she saw how the rosy tints faded from the clouds
sy sien hoe die rooskleurige tinte van die wolke verdwyn
and she saw how the colour had also faded from the sea
en sy het gesien hoe die kleur ook van die see verdwyn het

the next year it was the third sister's turn
die volgende jaar was dit die derde suster se beurt
this sister was the most daring of all the sisters
hierdie suster was die mees gewaagde van al die susters
she swam up a broad river that emptied into the sea
sy het teen 'n breë rivier geswem wat in die see uitgemond het
On the banks of the river she saw green hills
Op die oewer van die rivier het sy groen heuwels gesien
the green hills were covered with beautiful vines
die groen heuwels was bedek met pragtige wingerde
and on the hills there were forests of trees
en op die heuwels was daar woude van bome

and out of the forests palaces and castles poked out
en uit die woude het paleise en kastele uitgesteek
She had heard birds singing in the trees
Sy het voëls in die bome hoor sing
and she had felt the rays of the sun on her skin
en sy het die sonstrale op haar vel gevoel
the rays were so strong that she had to dive back
die strale was so sterk dat sy moes terugduik
and she cooled her burning face in the cool water
en sy het haar brandende gesig in die koel water afgekoel
In a narrow creek she found a group of little children
In 'n nou spruit het sy 'n groep kindertjies gekry
they were the first human children she had ever seen
hulle was die eerste mensekinders wat sy nog ooit gesien het
She wanted to play with the children too
Sy wou ook met die kinders speel
but the children fled from her in a great fright
maar die kinders het met groot skrik van haar weggevlug
and then a little black animal came to the water
en toe kom 'n klein swart diertjie by die water
it was a dog, but she did not know it was a dog
dit was 'n hond, maar sy het nie geweet dit was 'n hond nie
because she had never seen a dog before
want sy het nog nooit 'n hond gesien nie
and the dog barked at the mermaid furiously
en die hond blaf verwoed vir die meermin
she became frightened and rushed back to the open sea
sy het bang geword en teruggejaag oop see toe
But she said she should never forget the beautiful forest
Maar sy het gesê sy moet nooit die pragtige woud vergeet nie
the green hills and the pretty children
die groen heuwels en die mooi kinders
she found it exceptionally funny how they swam
sy het dit besonder snaaks gevind hoe hulle geswem het
because the little human children didn't have tails
want die klein mensekinders het nie sterte gehad nie

so with their little legs they kicked the water
so met hulle beentjies het hulle die water geskop

The fourth sister was more timid than the last
Die vierde suster was meer bedees as die vorige
She had decided to stay in the midst of the sea
Sy het besluit om in die middel van die see te bly
but she said it was as beautiful there as nearer the land
maar sy het gesê dis so mooi daar as nader aan die land
from the surface she could see many miles around her
van die oppervlak af kon sy baie kilometers om haar sien
the sky above her looked like a bell of glass
die lug bokant haar het soos 'n klok van glas gelyk
and she had seen the ships sail by
en sy het die skepe sien verbyvaar
but the ships were at a very great distance from her
maar die skepe was op 'n baie groot afstand van haar af
and, with their sails, the ships looked like sea gulls
en met hulle seile het die skepe soos seemeeue gelyk
she saw how the dolphins played in the waves
sy het gesien hoe die dolfyne in die branders speel
and great whales spouted water from their nostrils
en groot walvisse het water uit hulle neusgate uitgespuit
like a hundred fountains all playing together
soos honderd fonteine wat almal saam speel

The fifth sister's birthday occurred in the winter
Die vyfde suster se verjaarsdag het in die winter plaasgevind
so she saw things that the others had not seen
daarom het sy dinge gesien wat die ander nie gesien het nie
at this time of the year the sea looked green
hierdie tyd van die jaar het die see groen gelyk
large icebergs were floating on the green water
groot ysberge het op die groen water gedryf
and each iceberg looked like a pearl, she said
en elke ysberg het soos 'n pêrel gelyk, het sy gesê

but they were larger and loftier than the churches
maar hulle was groter en hoër as die kerke
and they were of the most interesting shapes
en hulle was van die interessantste vorms
and each iceberg glittered like diamonds
en elke ysberg het soos diamante geglinster
She had seated herself on one of the icebergs
Sy het haarself op een van die ysberge gaan sit
and she let the wind play with her long hair
en sy het die wind met haar lang hare laat speel
She noticed something interesting about the ships
Sy het iets interessants omtrent die skepe opgemerk
all the ships sailed past the icebergs very rapidly
al die skepe het baie vinnig verby die ysberge gevaar
and they steered away as far as they could
en hulle het weggestuur so ver hulle kon
it was as if they were afraid of the iceberg
dit was asof hulle bang was vir die ysberg
she stayed out at sea into the evening
sy het in die aand op die see gebly
the sun went down and dark clouds covered the sky
die son het ondergegaan en donker wolke het die lug bedek
the thunder rolled across the ocean of icebergs
die donderweer het oor die oseaan van ysberge gerol
and the flashes of lightning glowed red on the icebergs
en die weerligstrale het rooi op die ysberge gegloei
and the icebergs were tossed about by the heaving sea
en die ysberge is deur die woelige see rondgeslinger
the sails of all the ships were trembling with fear
die seile van al die skepe het gebewe van vrees
and the mermaid sat calmly on the floating iceberg
en die meermin het rustig op die drywende ysberg gesit
and she watched the lightning strike into the sea
en sy het gesien hoe die weerlig in die see slaan

All of her five older sisters had grown up now

Al haar vyf ouer susters het nou grootgeword
therefore they could go to the surface when they pleased
daarom kon hulle na die oppervlak gaan wanneer hulle wou
at first they were delighted with the surface world
hulle was eers verheug oor die oppervlakwêreld
they couldn't get enough of the new and beautiful sights
hulle kon nie genoeg kry van die nuwe en pragtige besienswaardighede nie
but eventually they all grew indifferent towards the upper world
maar uiteindelik het hulle almal onverskillig teenoor die boonste wêreld geword
and after a month they didn't visit the surface world much at all anymore
en na 'n maand het hulle glad nie meer die oppervlakwêreld besoek nie
they told their sister it was much more beautiful at home
hulle het vir hul suster gesê dit is baie mooier by die huis

Yet often, in the evening hours, they did go up
Tog het hulle dikwels in die aand ure opgegaan
the five sisters twined their arms round each other
die vyf susters het hul arms om mekaar gedraai
and together, arm in arm, they rose to the surface
en saam, arm aan arm, het hulle na die oppervlak gekom
often they went up when there was a storm approaching
dikwels het hulle opgegaan as daar 'n storm kom
they feared that the storm might win a ship
hulle was bang dat die storm 'n skip sou wen
so they swam to the vessel and sung to the sailors
daarom het hulle na die vaartuig geswem en vir die matrose gesing
Their voices were more charming than that of any human
Hulle stemme was meer bekoorlik as dié van enige mens
and they begged the voyagers not to fear if they sank

en hulle het die reisigers gesmeek om nie te vrees as hulle sou sink nie
because the depths of the sea was full of delights
want die dieptes van die see was vol genietinge
But the sailors could not understand their songs
Maar die matrose kon nie hul liedjies verstaan nie
and they thought their singing was the sighing of the storm
en hulle het gedink hulle sang was die gesug van die storm
therefore their songs were never beautiful to the sailors
daarom was hulle liedere nooit vir die matrose mooi nie
because if the ship sank the men would drown
want as die skip sink, sou die manne verdrink
the dead gained nothing from the palace of the Sea King
die dooies het niks uit die paleis van die Seekoning gekry nie
but their youngest sister was left at the bottom of the sea
maar hulle jongste suster het op die bodem van die see agtergebly
looking up at them, she was ready to cry
terwyl sy na hulle opkyk, was sy gereed om te huil
you should know mermaids have no tears that they can cry
jy moet weet meerminne het geen trane wat hulle kan huil nie
so her pain and suffering was more acute than ours
dus was haar pyn en lyding meer akuut as ons s'n
"Oh, I wish I was also fifteen years old!" said she
"O, ek wens ek was ook vyftien jaar oud!" het sy gesê
"I know that I shall love the world up there"
"Ek weet dat ek die wêreld daar bo sal liefhê"
"and I shall love all the people who live in that world"
"en ek sal al die mense liefhê wat in daardie wêreld woon"

The Little Mermaid's Birthday
Die Klein Meermin se Verjaarsdag

but, at last, she too reached her fifteenth birthday
maar uiteindelik het sy ook haar vyftiende verjaardag bereik
"Well, now you are grown up," said her grandmother
"Wel, nou is jy groot," sê haar ouma
"Come, and let me adorn you like your sisters"
"Kom, laat ek jou versier soos jou susters"
And she placed a wreath of white lilies in her hair
En sy het 'n krans van wit lelies in haar hare gesit
every petal of the lilies was half a pearl
elke blomblaar van die lelies was 'n halwe pêrel
Then, the old lady ordered eight great oysters to come
Toe het die ou dame agt groot oesters beveel om te kom
the oysters attached themselves to the tail of the princess
die oesters het hulle aan die stert van die prinses vasgemaak
under the sea oysters are used to show your rank
onder die see word oesters gebruik om jou rang te wys
"But the oysters hurt me so," said the little mermaid
"Maar die oesters het my so seergemaak," sê die meermin
"Yes, I know oysters hurt," replied the old lady
"Ja, ek weet oesters maak seer," antwoord die ou dame
"but you know very well that pride must suffer pain"
"maar jy weet baie goed dat trots pyn moet ly"
how gladly she would have shaken off all this grandeur
hoe bly sou sy al hierdie grootsheid afgeskud het
she would have loved to lay aside the heavy wreath!
sy sou graag die swaar krans wou weglê!
she thought of the red flowers in her own garden
sy dink aan die rooi blomme in haar eie tuin
the red flowers would have suited her much better
die rooi blomme sou haar baie beter gepas het
But she could not change herself into something else
Maar sy kon haarself nie in iets anders verander nie
so she said farewell to her grandmother and sisters

daarom het sy van haar ouma en susters afskeid geneem
and, as lightly as a bubble, she rose to the surface
en, so lig soos 'n borrel, styg sy na die oppervlak

The sun had just set when she raised her head above the waves
Die son het pas gesak toe sy haar kop bo die branders lig
The clouds were tinted with crimson and gold from the sunset
Die wolke was getint met bloedrooi en goud van die sonsondergang
and through the glimmering twilight beamed the evening star
en deur die glinsterende skemer straal die aandster
The sea was calm, and the sea air was mild and fresh
Die see was kalm, en die seelug was sag en vars
A large ship with three masts lay lay calmly on the water
'n Groot skip met drie maste lê rustig op die water
only one sail was set, for not a breeze stirred
net een seil is gesit, want nie 'n briesie het geroer nie
and the sailors sat idle on deck, or amidst the rigging
en die matrose het ledig op die dek gesit, of tussen die tuig
There was music and songs on board of the ship
Daar was musiek en liedjies aan boord van die skip
as darkness came a hundred colored lanterns were lighted
toe die duisternis gekom het, is honderd gekleurde lanterns aangesteek
it was as if the flags of all nations waved in the air
dit was asof die vlae van alle nasies in die lug wapper

The little mermaid swam close to the cabin windows
Die klein meermin het naby die kajuitvensters geswem
now and then the waves of the sea lifted her up
nou en dan het die golwe van die see haar opgelig
she could look in through the glass window-panes
sy kan deur die glasvensters inkyk

and she could see a number of curiously dressed people
en sy kon 'n aantal nuuskierig geklede mense sien
Among the people she could see there was a young prince
Tussen die mense wat sy kon sien was daar 'n jong prins
the prince was the most beautiful of them all
die prins was die mooiste van hulle almal
she had never seen anyone with such beautiful eyes
sy het nog nooit iemand met sulke mooi oë gesien nie
it was the celebration of his sixteenth birthday
dit was die viering van sy sestiende verjaardag
The sailors were dancing on the deck of the ship
Die matrose het op die dek van die skip gedans
all cheered when the prince came out of the cabin
almal juig toe die prins uit die kajuit kom
and more than a hundred rockets rose into the air
en meer as honderd vuurpyle het in die lug opgestyg
for some time the fireworks made the sky as bright as day
vir 'n geruime tyd het die vuurwerke die lug so helder soos die dag gemaak
of course our young mermaid had never seen fireworks before
natuurlik het ons jong meermin nog nooit vuurwerke gesien nie
startled by all the noise, she went back under the water
geskrik vir al die geraas gaan sy terug onder die water in
but soon she again stretched out her head
maar gou strek sy weer haar kop uit
it was as if all the stars of heaven were falling around her
dit was asof al die sterre van die hemel om haar val
splendid fireflies flew up into the blue air
pragtige vuurvliegies het die blou lug in opgevlieg
and everything was reflected in the clear, calm sea
en alles is weerspieël in die helder, kalm see
The ship itself was brightly illuminated by all the light
Die skip self is helder verlig deur al die lig
she could see all the people and even the smallest rope

sy kon al die mense en selfs die kleinste tou sien
How handsome the young prince looked thanking his guests!
Hoe aantreklik het die jong prins gelyk toe hy sy gaste bedank het!
and the music resounded through the clear night air!
en die musiek het deur die helder naglug weerklink!

the birthday celebrations lasted late into the night
die verjaardagvieringe het tot laat in die nag geduur
but the little mermaid could not take her eyes from the ship
maar die meermin kon nie haar oë van die skip af wegneem nie
nor could she take her eyes from the beautiful prince
sy kon ook nie haar oë van die pragtige prins neem nie
The colored lanterns had now been extinguished
Die gekleurde lanterns was nou geblus
and there were no more rockets that rose into the air
en daar was nie meer vuurpyle wat in die lug opgestyg het nie
the cannon of the ship had also ceased firing
die kanon van die skip het ook opgehou skiet
but now it was the sea that became restless
maar nou was dit die see wat onrustig geword het
a moaning, grumbling sound could be heard beneath the waves
'n kreunende, brom geluid kon onder die branders gehoor word
and yet, the little mermaid remained by the cabin window
en tog het die meermin by die kajuitvenster gebly
she was rocking up and down on the water
sy wieg op en af op die water
so that she could keep looking into the ship
sodat sy in die skip kon bly kyk
After a while the sails were quickly set
Na 'n rukkie is die seile vinnig gesit
and the ship went on her way back to port

en die skip het op pad terug na die hawe gegaan

But soon the waves rose higher and higher
Maar gou het die golwe hoër en hoër gestyg
dark, heavy clouds darkened the night sky
donker, swaar wolke het die naghemel verdonker
and there appeared flashes of lightning in the distance
en daar het weerligstrale in die verte verskyn
not far away a dreadful storm was approaching
nie ver daarvandaan was 'n verskriklike storm nader nie
Once more the sails were lowered against the wind
Weer is die seile teen die wind laat sak
and the great ship pursued her course over the raging sea
en die groot skip het haar koers oor die woedende see gevolg
The waves rose as high as the mountains
Die golwe het so hoog soos die berge gestyg
one would have thought the waves were going to have the ship
mens sou gedink het die golwe gaan die skip hê
but the ship dived like a swan between the waves
maar die skip het soos 'n swaan tussen die branders geduik
then she rose again on their lofty, foaming crests
toe staan sy weer op hul verhewe, skuimende kruine
To the little mermaid this was pleasant to watch
Vir die meermin was dit aangenaam om te aanskou
but it was not pleasant for the sailors
maar dit was nie lekker vir die matrose nie
the ship made awful groaning and creaking sounds
die skip het vreeslike kreun en kraak geluide gemaak
and the waves broke over the deck of the ship again and again
en die branders het keer op keer oor die dek van die skip gebreek
the thick planks gave way under the lashing of the sea
die dik planke het meegegee onder die sjor van die see

under the pressure the mainmast snapped asunder, like a reed
onder die druk bars die grootmas uitmekaar, soos 'n riet
and, as the ship lay over on her side, the water rushed in
en toe die skip op haar sy lê, het die water ingestorm

The little mermaid realized that the crew were in danger
Die klein meermin het besef dat die bemanning in gevaar was
her own situation wasn't without danger either
haar eie situasie was ook nie sonder gevaar nie
she had to avoid the beams and planks scattered in the water
sy moes die balke en planke wat in die water gestrooi was vermy
for a moment everything turned into complete darkness
vir 'n oomblik het alles in algehele duisternis verander
and the little mermaid could not see where she was
en die meermin kon nie sien waar sy was nie
but then a flash of lightning revealed the whole scene
maar toe onthul 'n weerligstraal die hele toneel
she could see everyone was still on board of the ship
sy kon sien almal is nog aan boord van die skip
well, everyone was on board of the ship, except the prince
wel, almal was aan boord van die skip, behalwe die prins
the ship continued on its path to the land
die skip het voortgegaan op sy pad na die land
and she saw the prince sink into the deep waves
en sy het gesien hoe die prins in die diep golwe wegsink
for a moment this made her happier than it should have
vir 'n oomblik het dit haar gelukkiger gemaak as wat dit moes
now that he was in the sea she could be with him
noudat hy in die see was kon sy by hom wees
Then she remembered the limits of human beings
Toe onthou sy die grense van mense
the people of the land cannot live in the water
die mense van die land kan nie in die water leef nie
if he got to the palace he would already be dead

as hy by die paleis kom sou hy reeds dood wees
"No, he must not die!" she decided
"Nee, hy moet nie sterf nie!" besluit sy
she forget any concern for her own safety
sy vergeet enige besorgdheid oor haar eie veiligheid
and she swam through the beams and planks
en sy het deur die balke en planke geswem
two beams could easily crush her to pieces
twee balke kon haar maklik stukkend slaan
she dove deep under the dark waters
sy het diep onder die donker waters geduik
everything rose and fell with the waves
alles het saam met die branders opgestaan en geval
finally, she managed to reach the young prince
uiteindelik het sy daarin geslaag om die jong prins te bereik
he was fast losing the power to swim in the stormy sea
hy was vinnig besig om die krag te verloor om in die stormagtige see te swem
His limbs were starting to fail him
Sy ledemate het hom begin faal
and his beautiful eyes were closed
en sy pragtige oë was toe
he would have died had the little mermaid not come
hy sou gesterf het as die meermin nie gekom het nie
She held his head above the water
Sy hou sy kop bo die water
and she let the waves carry them where they wanted
en sy het die golwe hulle laat dra waar hulle wou

In the morning the storm had ceased
Die oggend het die storm opgehou
but of the ship not a single fragment could be seen
maar van die skip kon nie 'n enkele fragment gesien word nie
The sun came up, red and shining, out of the water
Die son het rooi en skyn uit die water opgekom
the sun's beams had a healing effect on the prince

die son se strale het 'n helende effek op die prins gehad
the hue of health returned to the prince's cheeks
die skakering van gesondheid het na die prins se wange teruggekeer
but despite the sun, his eyes remained closed
maar ten spyte van die son het sy oë toe gebly
The mermaid kissed his high, smooth forehead
Die meermin soen sy hoë, gladde voorkop
and she stroked back his wet hair
en sy streel sy nat hare terug
He seemed to her like the marble statue in her garden
Hy het vir haar gelyk soos die marmerbeeld in haar tuin
so she kissed him again, and wished that he lived
daarom het sy hom weer gesoen en gewens dat hy lewe

Presently, they came in sight of land
Tans het hulle in sig van land gekom
and she saw lofty blue mountains on the horizon
en sy het hoë blou berge op die horison gesien
on top of the mountains the white snow rested
bo-op die berge het die wit sneeu gerus
as if a flock of swans were lying upon the mountains
asof 'n trop swane op die berge lê
Beautiful green forests were near the shore
Pragtige groen woude was naby die kus
and close by there stood a large building
en daar naby het 'n groot gebou gestaan
it could have been a church or a convent
dit kon 'n kerk of 'n klooster gewees het
but she was still too far away to be sure
maar sy was nog te ver om seker te wees
Orange and citron trees grew in the garden
Lemoen- en sitroenbome het in die tuin gegroei
and before the door stood lofty palms
en voor die deur het verhewe handpalms gestaan
The sea here formed a little bay

Die see hier het 'n baaitjie gevorm
in the bay the water lay quiet and still
in die baai lê die water stil en stil
but although the water was still, it was very deep
maar hoewel die water stil was, was dit baie diep
She swam with the handsome prince to the beach
Sy het saam met die aantreklike prins strand toe geswem
the beach was covered with fine white sand
die strand was bedek met fyn wit sand
and on the sand she laid him in the warm sunshine
en op die sand het sy hom in die warm sonskyn neergelê
she took care to raise his head higher than his body
sy het gesorg om sy kop hoër as sy lyf te lig
Then bells sounded from the large white building
Toe klink klokke vanuit die groot wit gebou
some young girls came into the garden
'n paar jong meisies het in die tuin gekom
The little mermaid swam out farther from the shore
Die klein meermin het verder van die kus uitgeswem
she hid herself among some high rocks in the water
sy het haar weggesteek tussen 'n paar hoë rotse in die water
she covered her head and neck with the foam of the sea
sy het haar kop en nek met die skuim van die see bedek
and she watched to see what would become of the poor prince
en sy het gekyk om te sien wat van die arme prins sou word

It was not long before she saw a young girl approach
Dit was nie lank nie of sy sien 'n jong meisie nader kom
the young girl seemed frightened, at first
die jong meisie het eers bang gelyk
but her fear only lasted for a moment
maar haar vrees het net vir 'n oomblik geduur
then she brought over a number of people
toe bring sy 'n aantal mense oor
and the mermaid saw that the prince came to life again

en die meermin het gesien dat die prins weer lewendig word
he smiled upon those who stood around him
hy het geglimlag vir diegene wat om hom gestaan het
But to the little mermaid the prince sent no smile
Maar vir die meermin het die prins geen glimlag gestuur nie
he knew not that it was her who had saved him
hy het nie geweet dat dit sy was wat hom gered het nie
This made the little mermaid very sorrowful
Dit het die klein meermin baie hartseer gemaak
and then he was led away into the great building
en toe is hy weggelei na die groot gebou
and the little mermaid dived down into the water
en die meermin het in die water afgeduik
and she returned to her father's castle
en sy het teruggegaan na haar vader se kasteel

The Little Mermaid Longs for the Upper World
Die Klein Meermin verlang na die Bowêreld

She had always been the most silent and thoughtful of the sisters
Sy was nog altyd die stil en bedagsaamste van die susters
and now she was more silent and thoughtful than ever
en nou was sy meer stil en bedagsaam as ooit
Her sisters asked her what she had seen on her first visit
Haar susters het haar gevra wat sy op haar eerste besoek gesien het
but she could tell them nothing of what she had seen
maar sy kon hulle niks vertel van wat sy gesien het nie
Many an evening and morning she returned to the surface
Menige aand en oggend het sy na die oppervlak teruggekeer
and she went to the place where she had left the prince
en sy het na die plek gegaan waar sy die prins agtergelaat het
She saw the fruits in the garden ripen
Sy het gesien hoe die vrugte in die tuin ryp word
and she watched the fruits gathered from their trees
en sy het die vrugte van hulle bome dopgehou
she watched the snow on the mountain tops melt away
sy kyk hoe die sneeu op die bergtoppe wegsmelt
but on none of her visits did she see the prince again
maar by geen van haar besoeke het sy die prins weer gesien nie
and therefore she always returned more sorrowful than when she left
en daarom het sy altyd meer bedroef teruggekeer as toe sy weg is

her only comfort was sitting in her own little garden
haar enigste troos was om in haar eie tuintjie te sit
she flung her arms around the beautiful marble statue
sy slaan haar arms om die pragtige marmerbeeld
the statue which looked just like the prince

die standbeeld wat net soos die prins gelyk het
She had given up tending to her flowers
Sy het opgegee om na haar blomme te versorg
and her garden grew in wild confusion
en haar tuin het in wilde verwarring gegroei
they twinied the long leaves and stems of the flowers around the trees
hulle het die lang blare en stingels van die blomme om die bome gevleg
so that the whole garden became dark and gloomy
sodat die hele tuin donker en somber geword het

eventually she could bear the pain no longer
uiteindelik kon sy die pyn nie meer verduur nie
and she told one of her sisters all that had happened
en sy het een van haar susters alles vertel wat gebeur het
soon the other sisters heard the secret
gou het die ander susters die geheim gehoor
and very soon her secret became known to several maids
en baie gou het haar geheim aan verskeie diensmeisies bekend geword
one of the maids had a friend who knew about the prince
een van die diensmeisies het 'n vriend gehad wat van die prins geweet het
She had also seen the festival on board the ship
Sy het ook die fees aan boord van die skip gesien
and she told them where the prince came from
en sy het hulle vertel waar die prins vandaan kom
and she told them where his palace stood
en sy het hulle vertel waar sy paleis staan

"Come, little sister," said the other princesses
"Kom, kleinsus," sê die ander prinsesse
they entwined their arms and rose up together
hulle het hul arms verstrengel en saam opgestaan
they went near to where the prince's palace stood

hulle het nader gegaan na waar die prins se paleis gestaan het
the palace was built of bright-yellow, shining stone
die paleis is van heldergeel, blink klip gebou
and the palace had long flights of marble steps
en die paleis het lang vlugte van marmertrappe gehad
one of the flights of steps reached down to the sea
een van die trappe het tot by die see gekom
Splendid gilded cupolas rose over the roof
Pragtige vergulde koepels het oor die dak verrys
the whole building was surrounded by pillars
die hele gebou was omring deur pilare
and between the pillars stood lifelike statues of marble
en tussen die pilare het lewensgetroue beelde van marmer gestaan
they could see through the clear crystal of the windows
hulle kon deur die helder kristal van die vensters sien
and they could look into the noble rooms
en hulle kon in die adellike kamers kyk
costly silk curtains and tapestries hung from the ceiling
duur sygordyne en tapisserieë het van die plafon af gehang
and the walls were covered with beautiful paintings
en die mure was bedek met pragtige skilderye
In the centre of the largest salon was a fountain
In die middel van die grootste salon was 'n fontein
the fountain threw its sparkling jets high up
die fontein het sy sprankelende strale hoog opgegooi
the water splashed onto the glass cupola of the ceiling
die water het op die glaskoepel van die plafon gespat
and the sun shone in through the water
en die son het deur die water ingeskyn
and the water splashed on the plants around the fountain
en die water het op die plante rondom die fontein gespat

Now the little mermaid knew where the prince lived
Nou het die meermin geweet waar die prins woon
so she spent many a night in those waters

daarom het sy baie nagte in daardie waters deurgebring
she got more courageous than her sisters had been
sy het moediger geword as wat haar susters was
and she swam much nearer the shore than they had
en sy het baie nader aan die kus geswem as wat hulle gehad het
once she went up the narrow channel, under the marble balcony
eenkeer het sy met die smal kanaal opgegaan, onder die marmerbalkon
the balcony threw a broad shadow on the water
die balkon het 'n breë skaduwee op die water gegooi
Here she sat and watched the young prince
Hier sit sy en kyk na die jong prins
he, of course, thought he was alone in the bright moonlight
hy het natuurlik gedink hy is alleen in die helder maanlig

She often saw him in the evenings, sailing in a beautiful boat
Sy het hom dikwels in die aande gesien waar hy in 'n pragtige boot vaar
music sounded from the boat and the flags waved
musiek het uit die boot geklink en die vlae wapper
She peeped out from among the green rushes
Sy loer tussen die groen biesies uit
at times the wind caught her long silvery-white veil
soms het die wind haar lang silwerwit sluier gevang
those who saw her veil believed it to be a swan
diegene wat haar sluier gesien het, het geglo dit is 'n swaan
her veil had all the appearance of a swan spreading its wings
haar sluier het al die voorkoms van 'n swaan gehad wat sy vlerke sprei

Many a night, too, she watched the fishermen set their nets
Sy het ook baie nagte gekyk hoe die vissermanne hul nette sit
they cast their nets in the light of their torches

hulle gooi hul nette in die lig van hul fakkels
and she heard them tell many good things about the prince
en sy het gehoor hoe hulle baie goeie dinge oor die prins vertel
this made her glad that she had saved his life
dit het haar bly gemaak dat sy sy lewe gered het
when he was tossed around half dead on the waves
toe hy halfdood op die branders rondgeslinger is
She remembered how his head had rested on her bosom
Sy onthou hoe sy kop op haar boesem gerus het
and she remembered how heartily she had kissed him
en sy het onthou hoe hartlik sy hom gesoen het
but he knew nothing of all that had happened
maar hy het niks geweet van alles wat gebeur het nie
the young prince could not even dream of the little mermaid
die jong prins kon nie eers van die meermin droom nie

She grew to like human beings more and more
Sy het meer en meer van mense gehou
she wished more and more to be able to wander their world
sy wens al hoe meer om in hul wêreld te kon dwaal
their world seemed to be so much larger than her own
dit het gelyk of hulle wêreld soveel groter as haar eie was
They could fly over the sea in ships
Hulle kon met skepe oor die see vlieg
and they could mount the high hills far above the clouds
en hulle kon die hoë heuwels ver bo die wolke bestyg
in their lands they possessed woods and fields
in hulle lande het hulle bosse en landerye besit
the greenery stretched beyond the reach of her sight
die groenigheid het buite bereik van haar sig gestrek
There was so much that she wished to know!
Daar was so baie wat sy wou weet!
but her sisters were unable to answer all her questions
maar haar susters kon nie al haar vrae beantwoord nie
She then went to her old grandmother for answers
Sy het toe na haar ou ouma gegaan vir antwoorde

her grandmother knew all about the upper world
haar ouma het alles van die boonste wêreld geweet
she rightly called this world "the lands above the sea"
sy het hierdie wêreld tereg "die lande bo die see" genoem

"If human beings are not drowned, can they live forever?"
"As mense nie verdrink word nie, kan hulle vir ewig lewe?"
"Do they never die, as we do here in the sea?"
"Sterf hulle nooit, soos ons hier in die see doen nie?"
"Yes, they die too," replied the old lady
"Ja, hulle sterf ook," antwoord die ou dame
"like us, they must also die," added her grandmother
"soos ons moet hulle ook doodgaan," het haar ouma bygevoeg
"and their lives are even shorter than ours"
"en hulle is selfs korter as ons s'n"
"We sometimes live for three hundred years"
"Ons leef soms vir driehonderd jaar"
"but when we cease to exist here we become foam"
"maar as ons ophou om hier te bestaan, word ons skuim"
"and we float on the surface of the water"
"en ons dryf op die oppervlak van die water"
"we do not have graves for those we love"
"ons het nie grafte vir die wat ons liefhet nie"
"and we have not immortal souls"
"en ons het nie onsterflike siele nie"
"after we die we shall never live again"
"nadat ons gesterf het, sal ons nooit weer lewe nie"
"like the green seaweed, once it has been cut off"
"soos die groen seewier, as dit eers afgesny is"
"after we die, we can never flourish again"
"nadat ons gesterf het, kan ons nooit weer floreer nie"
"Human beings, on the contrary, have souls"
"Mense, inteendeel, het siele"
"even after they're dead their souls live forever"
"selfs nadat hulle dood is, leef hulle siele vir ewig"
"when we die our bodies turn to foam"

"As ons sterf, verander ons liggame in skuim"
"when they die their bodies turn to dust"
"wanneer hulle sterf, verander hul liggame in stof"
"when we die we rise through the clear, blue water"
"As ons sterf, styg ons deur die helder, blou water"
"when they die they rise up through the clear, pure air"
"Wanneer hulle sterf, styg hulle op deur die helder, suiwer lug"
"when we die we float no further than the surface"
"Wanneer ons sterf, sweef ons nie verder as die oppervlak nie"
"but when they die they go beyond the glittering stars"
"maar as hulle sterf, gaan hulle verby die glinsterende sterre"
"we rise out of the water to the surface"
"ons styg uit die water na die oppervlak"
"and we behold all the land of the earth"
"en ons aanskou die hele land van die aarde"
"they rise to unknown and glorious regions"
"hulle styg na onbekende en glorieryke streke"
"glorious and unknown regions which we shall never see"
"glorie en onbekende streke wat ons nooit sal sien nie"
the little mermaid mourned her lack of a soul
die klein meermin het oor haar gebrek aan 'n siel getreur
"Why have not we immortal souls?" asked the little mermaid
"Hoekom het ons nie onsterflike siele nie?" vra die meermin
"I would gladly give all the hundreds of years that I have"
"Ek gee graag al die honderde jare wat ek het"
"I would trade it all to be a human being for one day"
"Ek sal dit alles verruil om 'n mens vir een dag te wees"
"I can not imagine the hope of knowing such happiness"
"Ek kan my nie die hoop voorstel om sulke geluk te ken nie"
"the happiness of that glorious world above the stars"
"die geluk van daardie glorieryke wêreld bo die sterre"
"You must not think that way," said the old woman
"Jy moet nie so dink nie," sê die ou vrou
"We believe that we are much happier than the humans"
"Ons glo dat ons baie gelukkiger is as die mense"

"and we believe we are much better off than human beings"
"en ons glo ons is baie beter daaraan toe as mense"

"So I shall die," said the little mermaid
"So ek sal sterf," sê die meermin
"being the foam of the sea, I shall be washed about"
"omdat ek die skuim van die see is, sal ek rondgespoel word"
"never again will I hear the music of the waves"
"nooit weer sal ek die musiek van die golwe hoor nie"
"never again will I see the pretty flowers"
"nooit weer sal ek die mooi blomme sien nie"
"nor will I ever again see the red sun"
"Ek sal ook nooit weer die rooi son sien nie"
"Is there anything I can do to win an immortal soul?"
"Is daar enigiets wat ek kan doen om 'n onsterflike siel te wen?"
"No," said the old woman, "unless..."
"Nee," sê die ou vrou, "tensy ..."
"there is just one way to gain a soul"
"Daar is net een manier om 'n siel te verkry"
"a man has to love you more than he loves his father and mother"
"'n Man moet jou meer liefhê as wat hy sy pa en ma liefhet"
"all his thoughts and love must be fixed upon you"
"al sy gedagtes en liefde moet op jou gevestig wees"
"he has to promise to be true to you here and hereafter"
"hy moet belowe om hier en hierna getrou aan jou te wees"
"the priest has to place his right hand in yours"
"die priester moet sy regterhand in joune plaas"
"then your man's soul would glide into your body"
"dan sou jou man se siel in jou liggaam gly"
"you would get a share in the future happiness of mankind"
"jy sal 'n aandeel in die toekomstige geluk van die mensdom kry"
"He would give to you a soul and retain his own as well"
"Hy sou aan jou 'n siel gee en sy eie ook behou"

"but it is impossible for this to ever happen"
"maar dit is onmoontlik dat dit ooit sal gebeur"
"Your fish's tail, among us, is considered beautiful"
"Jou vis se stert, onder ons, word as pragtig beskou"
"but on earth your fish's tail is considered ugly"
"maar op aarde word jou vis se stert as lelik beskou"
"The humans do not know any better"
"Die mense weet nie van beter nie"
"their standard of beauty is having two stout props"
"hulle standaard van skoonheid is om twee stewige rekwisiete te hê"
"these two stout props they call their legs"
"Hierdie twee stout stutte noem hulle hul bene"
The little mermaid sighed at what appeared to be her destiny
Die klein meermin sug oor wat blykbaar haar lot was
and she looked sorrowfully at her fish's tail
en sy kyk bedroef na haar vis se stert
"Let us be happy with what we have," said the old lady
"Kom ons wees gelukkig met wat ons het," sê die ou dame
"let us dart and spring about for the three hundred years"
"laat ons rondskiet en spring vir die driehonderd jaar"
"and three hundred years really is quite long enough"
"en driehonderd jaar is regtig lank genoeg"
"After that we can rest ourselves all the better"
"Daarna kan ons onsself des te beter rus"
"This evening we are going to have a court ball"
"Vanaand gaan ons 'n hofbal hou"

It was one of those splendid sights we can never see on earth
Dit was een van daardie wonderlike besienswaardighede wat ons nooit op aarde kan sien nie
the court ball took place in a large ballroom
die hofbal het in 'n groot balsaal plaasgevind
The walls and the ceiling were of thick transparent crystal
Die mure en die plafon was van dik deursigtige kristal

Many hundreds of colossal sea shells stood in rows on each side
Baie honderde kolossale seeskulpe het in rye aan elke kant gestaan
some of the sea shells were deep red, others were grass green
sommige van die seeskulpe was dieprooi, ander was grasgroen
and each of the sea shells had a blue fire in it
en elkeen van die seeskulpe het 'n blou vuur in gehad
These fires lighted up the whole salon and the dancers
Hierdie vure het die hele salon en die dansers verlig
and the sea shells shone out through the walls
en die seeskulpe het deur die mure uitgeskyn
so that the sea was also illuminated by their light
sodat die see ook deur hulle lig verlig is
Innumerable fishes, great and small, swam past
Ontelbare visse, groot en klein, het verby geswem
some of the fishes scales glowed with a purple brilliance
van die visse se skubbe het met 'n pers glans gegloei
and other fishes shone like silver and gold
en ander visse het geskyn soos silwer en goud
Through the halls flowed a broad stream
Deur die sale het 'n breë stroompie gevloei
and in the stream danced the mermen and the mermaids
en in die stroom het die meermanne en die meerminne gedans
they danced to the music of their own sweet singing
hulle het gedans op die musiek van hul eie soet sang

No one on earth has such lovely voices as they
Niemand op aarde het sulke lieflike stemme soos hulle nie
but the little mermaid sang more sweetly than all
maar die meermin het soeter gesing as almal
The whole court applauded her with hands and tails
Die hele hof het haar met hande en sterte toegejuig
and for a moment her heart felt quite happy
en vir 'n oomblik voel haar hart baie gelukkig

because she knew she had the sweetest voice in the sea
want sy het geweet sy het die soetste stem in die see
and she knew she had the sweetest voice on land
en sy het geweet sy het die soetste stem op land
But soon she thought again of the world above her
Maar gou dink sy weer aan die wêreld bo haar
she could not forget the charming prince
sy kon nie die bekoorlike prins vergeet nie
it reminded her that he had an immortal soul
dit het haar daaraan herinner dat hy 'n onsterflike siel het
and she could not forget that she had no immortal soul
en sy kon nie vergeet dat sy geen onsterflike siel gehad het nie
She crept away silently out of her father's palace
Sy kruip stilweg uit haar pa se paleis uit
everything within was full of gladness and song
alles binne was vol vreugde en sang
but she sat in her own little garden, sorrowful and alone
maar sy het in haar eie tuintjie gesit, bedroef en alleen
Then she heard the bugle sounding through the water
Toe hoor sy die bees deur die water klink
and she thought, "He is certainly sailing above"
en sy het gedink: "Hy vaar beslis bo"
"he, the beautiful prince, in whom my wishes centre"
"hy, die pragtige prins, in wie my wense sentreer"
"he, in whose hands I should like to place my happiness"
"hy, in wie se hande ek my geluk wil plaas"
"I will venture all for him to win an immortal soul"
"Ek sal alles waag vir hom om 'n onsterflike siel te wen"
"my sisters are dancing in my father's palace"
"my susters dans in my pa se paleis"
"but I will go to the sea witch"
"maar ek sal na die seeheks gaan"
"the sea witch of whom I have always been so afraid"
"die seeheks vir wie ek nog altyd so bang was"
"but the sea witch can give me counsel, and help"
"maar die seeheks kan my raad gee, en help"

The Sea Witch
Die Seeheks

Then the little mermaid went out from her garden
Toe gaan die meermin uit haar tuin
and she took the path to the foaming whirlpools
en sy vat die paadjie na die skuimende maalkolke
behind the foaming whirlpools the sorceress lived
agter die skuimende maalkolke het die towenaar gewoon
the little mermaid had never gone that way before
die meermin het nog nooit so gegaan nie
Neither flowers nor grass grew where she was going
Daar het nie blomme of gras gegroei waar sy gaan nie
there was nothing but bare, gray, sandy ground
daar was niks anders as kaal, grys, sanderige grond nie
this barren land stretched out to the whirlpool
hierdie dorre land het uitgestrek tot by die maalkolk
the water was like foaming mill wheels
die water was soos skuimende meulwiele
and the whirlpools seized everything that came within reach
en die maalkolke het alles beslag gelê wat binne bereik gekom het
the whirlpools cast their prey into the fathomless deep
die maalkolke gooi hul prooi in die peillose diepte
Through these crushing whirlpools she had to pass
Deur hierdie verpletterende maalkolke moes sy verbygaan
only then could she reach the dominions of the sea witch
eers dan kon sy die heerskappye van die seeheks bereik
after this came a stretch of warm, bubbling mire
hierna het 'n stuk warm, borrelende modder gekom
the sea witch called the bubbling mire her turf moor
die seeheks het die borrelende modder haar turfmoer genoem

Beyond her turf moor was the witch's house
Anderkant haar grasveld was die heks se huis

her house stood in the centre of a strange forest
haar huis het in die middel van 'n vreemde woud gestaan
in this forest all the trees and flowers were polypi
in hierdie woud was al die bome en blomme poliepe
but they were only half plant; the other half was animal
maar hulle was net half plant; die ander helfte was dier
They looked like serpents with a hundred heads
Hulle het gelyk soos slange met honderd koppe
and each serpent was growing out of the ground
en elke slang het uit die grond gegroei
Their branches were long, slimy arms
Hulle takke was lang, slymerige arms
and they had fingers like flexible worms
en hulle het vingers gehad soos buigsame wurms
each of their limbs, from the root to the top, moved
elkeen van hulle ledemate, van die wortel tot bo, het beweeg
All that could be reached in the sea they seized upon
Alles wat in die see bereik kon word, het hulle aangegryp
and what they caught they held on tightly to
en wat hulle gevang het, het hulle styf vasgehou
so that what they caught never escaped from their clutches
sodat dit wat hulle gevang het nooit uit hul kloue ontsnap het nie

The little mermaid was alarmed at what she saw
Die klein meermin was bekommerd oor wat sy gesien het
she stood still and her heart beat with fear
sy staan stil en haar hart klop van vrees
She came very close to turning back
Sy het baie naby daaraan gekom om terug te draai
but she thought of the beautiful prince
maar sy het aan die pragtige prins gedink
and she thought of the human soul for which she longed
en sy het gedink aan die mensesiel waarna sy verlang het
with these thoughts her courage returned
met hierdie gedagtes het haar moed teruggekeer

She fastened her long, flowing hair round her head
Sy maak haar lang, vloeiende hare om haar kop vas
so that the polypi could not grab hold of her hair
sodat die poliep nie aan haar hare kon gryp nie
and she crossed her hands across her bosom
en sy het haar hande oor haar boesem gekruis
and then she darted forward like a fish through the water
en toe dartel sy vorentoe soos 'n vis deur die water
between the subtle arms and fingers of the ugly polypi
tussen die subtiele arms en vingers van die lelike poliep
the polypi were stretched out on each side of her
die poliepe was aan elke kant van haar uitgestrek
She saw that they all held something in their grasp
Sy het gesien dat hulle almal iets in hul greep het
something they had seized with their numerous little arms
iets wat hulle met hul talle armpies gegryp het
they were holding white skeletons of human beings
hulle het wit geraamtes van mense vasgehou
sailors who had perished at sea in storms
matrose wat op see in storms omgekom het
sailors who had sunk down into the deep waters
matrose wat in die diep waters gesink het
and there were skeletons of land animals
en daar was geraamtes van landdiere
and there were oars, rudders, and chests of ships
en daar was roeispane, roere en kiste van skepe
There was even a little mermaid whom they had caught
Daar was selfs 'n meermin wat hulle gevang het
the poor mermaid must have been strangled by the hands
die arme meermin moes deur die hande verwurg gewees het
to her this seemed the most shocking of all
vir haar het dit die skokkendste van almal gelyk

finally, she came to a space of marshy ground in the woods
uiteindelik het sy by 'n spasie moerasagtige grond in die bos gekom

here there were large fat water snakes rolling in the mire
hier het groot vet waterslange in die modder gerol
the snakes showed their ugly, drab-colored bodies
die slange het hul lelike, vaalkleurige lywe gewys
In the midst of this spot stood a house
In die middel van hierdie plek het 'n huis gestaan
the house was built of the bones of shipwrecked human beings
die huis is gebou van die beendere van skipbreukelinge mense
and in the house sat the sea witch
en in die huis het die seeheks gesit
she was allowing a toad to eat from her mouth
sy het toegelaat dat 'n padda uit haar mond eet
just like when people feed a canary with pieces of sugar
net soos wanneer mense 'n kanarie met stukkies suiker voer
She called the ugly water snakes her little chickens
Sy het die lelike waterslange haar klein hoendertjies genoem
and she allowed her little chickens to crawl all over her
en sy het toegelaat dat haar klein hoendertjies oral oor haar kruip

"I know what you want," said the sea witch
"Ek weet wat jy wil hê," sê die seeheks
"It is very stupid of you to want such a thing"
"Dit is baie dom van jou om so iets te wil hê"
"but you shall have your way, however stupid it is"
"maar jy sal jou sin kry, hoe dom dit ook al is"
"though your wish will bring you to sorrow, my pretty princess"
"al sal jou wens jou tot hartseer bring, my mooi prinses"
"You want to get rid of your mermaid's tail"
"Jy wil ontslae raak van jou meermin se stert"
"and you want to have two stumps instead"
"en jy wil eerder twee stompies hê"
"this will make you like the human beings on earth"
"dit sal jou maak soos die mense op aarde"

"and then the young prince might fall in love with you"
"en dan raak die jong prins dalk op jou verlief"
"and then you might have an immortal soul"
"en dan het jy dalk 'n onsterflike siel"
the witch laughed loud and disgustingly
die heks het hard en walglik gelag
the toad and the snakes fell to the ground
die padda en die slange het op die grond geval
and they lay there wriggling on the floor
en hulle lê daar en wriemel op die vloer
"You came to me just in time," said the witch
"Jy het net betyds na my toe gekom," sê die heks
"after sunrise tomorrow it would have been too late"
"na sonop môre sou dit te laat gewees het"
"after tomorrow I would not have been able to help you till the end of another year"
"ná môre sou ek jou nie kon help tot die einde van nog 'n jaar nie"
"I will prepare a potion for you"
"Ek sal vir jou 'n drankie voorberei"
"swim up to the land tomorrow, before sunrise"
"swem môre op na die land, voor sonop"
"seat yourself there and drink the potion"
"sit jou daar en drink die drankie"
"after you drink the potion your tail will disappear"
"Nadat jy die drankie gedrink het, sal jou stert verdwyn"
"and then you will have what men call legs"
"en dan sal jy hê wat mans bene noem"

"all will say you are the prettiest girl in the world"
"almal sal sê jy is die mooiste meisie in die wêreld"
"but for this you will have to endure great pain"
"maar hiervoor sal jy groot pyn moet verduur"
"it will be as if a sword were passing through you"
"dit sal wees asof 'n swaard deur jou gaan"
"You will still have the same gracefulness of movement"

"Jy sal steeds dieselfde grasieuse beweging hê"
"it will be as if you are floating over the ground"
"dit sal wees asof jy oor die grond sweef"
"and no dancer will ever tread as lightly as you"
"en geen danser sal ooit so lig trap soos jy nie"
"but every step you take will cause you great pain"
"maar elke tree wat jy gee sal jou groot pyn veroorsaak"
"it will be as if you were treading upon sharp knives"
"dit sal wees asof jy op skerp messe trap"
"If you bear all this suffering, I will help you"
"As jy al hierdie lyding verdra, sal Ek jou help"
the little mermaid thought of the prince
die klein meermin het aan die prins gedink
and she thought of the happiness of an immortal soul
en sy het gedink aan die geluk van 'n onsterflike siel
"Yes, I will," said the little princess
"Ja, ek sal," sê die klein prinses
but, as you can imagine, her voice trembled with fear
maar, soos jy jou kan voorstel, het haar stem gebewe van vrees

"do not rush into this," said the witch
"moenie hierin jaag nie," sê die heks
"once you are shaped like a human, you can never return"
"As jy eers soos 'n mens gevorm is, kan jy nooit terugkeer nie"
"and you will never again take the form of a mermaid"
"en jy sal nooit weer die vorm van 'n meermin aanneem nie"
"You will never return through the water to your sisters"
"Jy sal nooit deur die water na jou susters terugkeer nie"
"nor will you ever go to your father's palace again"
"Jy sal nooit weer na jou pa se paleis gaan nie"
"you will have to win the love of the prince"
"jy sal die liefde van die prins moet wen"
"he must be willing to forget his father and mother for you"
"hy moet bereid wees om sy pa en ma vir jou te vergeet"
"and he must love you with all of his soul"
"en hy moet jou liefhê met sy hele siel"

"the priest must join your hands together"
"die priester moet julle hande saamvat"
"and he must make you man and wife in holy matrimony"
"en hy moet julle man en vrou maak in heilige huwelik"
"only then will you have an immortal soul"
"net dan sal jy 'n onsterflike siel hê"
"but you must never allow him to marry another woman"
"maar jy moet hom nooit toelaat om met 'n ander vrou te trou nie"
"the morning after he marries another woman, your heart will break"
"die oggend nadat hy met 'n ander vrou getrou het, sal jou hart breek"
"and you will become foam on the crest of the waves"
"en jy sal skuim word op die kruin van die golwe"
the little mermaid became as pale as death
die meermin het so bleek soos die dood geword
"I will do it," said the little mermaid
"Ek sal dit doen," sê die meermin

"But I must be paid, also," said the witch
"Maar ek moet ook betaal word," sê die heks
"and it is not a trifle that I ask for"
"en dit is nie 'n kleinigheid waarvoor ek vra nie"
"You have the sweetest voice of any who dwell here"
"Jy het die soetste stem van almal wat hier woon"
"you believe that you can charm the prince with your voice"
"jy glo dat jy die prins met jou stem kan bekoor"
"But your beautiful voice you must give to me"
"Maar jou pragtige stem moet jy vir my gee"
"The best thing you possess is the price of my potion"
"Die beste ding wat jy besit is die prys van my drankie"
"the potion must be mixed with my own blood"
"die drankie moet met my eie bloed gemeng word"
"only this mixture makes the potion as sharp as a two-edged sword"

"net hierdie mengsel maak die doepa so skerp soos 'n tweesnydende swaard"

the little mermaid tried to object to the cost
die meermin het probeer om beswaar te maak teen die koste
"But if you take away my voice..." said the little mermaid
"Maar as jy my stem wegvat..." sê die meermin
"if you take away my voice, what is left for me?"
"as jy my stem wegneem, wat bly vir my oor?"
"Your beautiful form," suggested the sea witch
"Jou pragtige vorm," stel die seeheks voor
"your graceful walk, and your expressive eyes"
"jou grasieuse wandel en u ekspressiewe oë"
"Surely, with these things you can enchain a man's heart?"
"Sekerlik, met hierdie dinge kan jy 'n man se hart vasbind?"
"Well, have you lost your courage?" the sea witch asked
"Wel, het jy jou moed verloor?" vra die seeheks
"Put out your little tongue, so that I can cut it off"
"Steek jou tong uit, sodat ek dit kan afsny"
"then you shall have the powerful potion"
"dan sal jy die kragtige drankie hê"
"It shall be," said the little mermaid
"Dit sal wees," sê die meermin

Then the witch placed her cauldron on the fire
Toe plaas die heks haar ketel op die vuur
"Cleanliness is a good thing," said the sea witch
"Netheid is 'n goeie ding," sê die seeheks
she scoured the vessels for the right snake
sy het die vate geskuur vir die regte slang
all the snakes had been tied together in a large knot
al die slange was in 'n groot knoop saamgebind
Then she pricked herself in the breast
Toe prik sy haarself in die bors
and she let the black blood drop into the caldron
en sy het die swart bloed in die ketel laat val

The steam that rose twisted itself into horrible shapes
Die stoom wat opgekom het, het homself in aaklige vorms verdraai
no person could look at the shapes without fear
geen mens kon sonder vrees na die vorms kyk nie
Every moment the witch threw new ingredients into the vessel
Elke oomblik het die heks nuwe bestanddele in die houer gegooi
finally, with everything inside, the caldron began to boil
uiteindelik, met alles binne, het die ketel begin kook
there was the sound like the weeping of a crocodile
daar was die geluid soos die geween van 'n krokodil
and at last the magic potion was ready
en uiteindelik was die towerdrank gereed
despite its ingredients, the potion looked like the clearest water
ten spyte van sy bestanddele het die doepa soos die helderste water gelyk
"There it is, all for you," said the witch
"Daar is dit, alles vir jou," sê die heks
and then she cut off the little mermaid's tongue
en toe sny sy die klein meermin se tong af
so that the little mermaid could never again speak, nor sing again
sodat die meermin nooit weer kon praat en ook nie weer sing nie
"the polypi might try and grab you on the way out"
"die poliep kan jou probeer gryp op pad uit"
"if they try, throw over them a few drops of the potion"
"as hulle probeer, gooi 'n paar druppels van die doepa oor hulle"
"and their fingers will be torn into a thousand pieces"
"en hulle vingers sal in duisend stukke geskeur word"
But the little mermaid had no need to do this

Maar die klein meermin het nie nodig gehad om dit te doen nie
the polypi sprang back in terror when they saw her
die poliepe het verskrik teruggespring toe hulle haar sien
they saw she had lost her tongue to the sea witch
hulle het gesien sy het haar tong vir die seeheks verloor
and they saw she was carrying the potion
en hulle het gesien dat sy die drankie dra
the potion shone in her hand like a twinkling star
die doepa skyn in haar hand soos 'n flikkerende ster

So she passed quickly through the wood and the marsh
So het sy vinnig deur die bos en die vlei gegaan
and she passed between the rushing whirlpools
en sy het tussen die stromende maalkolke deurgegaan
soon she made her way back to the palace of her father
gou het sy teruggegaan na die paleis van haar pa
all the torches in the ballroom were extinguished
al die fakkels in die balsaal is geblus
all within the palace must now be asleep
almal binne die paleis moet nou slaap
But she did not go inside to see them
Maar sy het nie ingegaan om hulle te sien nie
she knew she was going to leave them forever
sy het geweet sy gaan hulle vir altyd verlaat
and she knew her heart would break if she saw them
en sy het geweet haar hart sou breek as sy hulle sien
she went into the garden one last time
sy het 'n laaste keer die tuin ingegaan
and she took a flower from each one of her sisters
en sy het 'n blom van elkeen van haar susters geneem
and then she rose up through the dark-blue waters
en toe staan sy op deur die donkerblou waters

The Little Mermaid Meets the Prince
Die Klein Meermin ontmoet die Prins

the little mermaid arrived at the prince's palace
die meermin het by die prins se paleis aangekom
the sun had not yet risen from the sea
die son het nog nie uit die see opgekom nie
and the moon shone clear and bright in the night
en die maan het helder en helder geskyn in die nag
the little mermaid sat at the beautiful marble steps
die meermin het by die pragtige marmertrappies gesit
and then the little mermaid drank the magic potion
en toe drink die meermin die towerdrankie
she felt the cut of a two-edged sword cut through her
sy voel hoe die sny van 'n tweesnydende swaard deur haar sny
and she fell into a swoon, and lay like one dead
en sy het beswyk en gaan lê soos 'n dooie
the sun rose from the sea and shone over the land
die son het uit die see opgekom en oor die land geskyn
she recovered and felt the pain from the cut
sy het herstel en die pyn van die sny gevoel
but before her stood the handsome young prince
maar voor haar staan die aantreklike jong prins

He fixed his coal-black eyes upon the little mermaid
Hy rig sy steenkoolswart oë op die klein meermin
he looked so earnestly that she cast down her eyes
hy kyk so ernstig dat sy haar oë neerslaan
and then she became aware that her fish's tail was gone
en toe word sy bewus dat haar vis se stert weg is
she saw that she had the prettiest pair of white legs
sy het gesien dat sy die mooiste paar wit bene het
and she had tiny feet, as any little maiden would have
en sy het klein voetjies gehad, soos enige meisietjie sou hê
But, having come from the sea, she had no clothes

Maar toe sy van die see af gekom het, het sy geen klere gehad nie
so she wrapped herself in her long, thick hair
toe draai sy haarself in haar lang, dik hare toe
The prince asked her who she was and whence she came
Die prins het haar gevra wie sy is en waar sy vandaan kom
She looked at him mildly and sorrowfully
Sy kyk sag en hartseer na hom
but she had to answer with her deep blue eyes
maar sy moes met haar diepblou oë antwoord
because the little mermaid could not speak anymore
want die meermin kon nie meer praat nie
He took her by the hand and led her to the palace
Hy het haar aan die hand geneem en haar na die paleis gelei

Every step she took was as the witch had said it would be
Elke tree wat sy gegee het, was soos die heks gesê het dit sou wees
she felt as if she were treading upon sharp knives
sy voel asof sy op skerp messe trap
She bore the pain of her wish willingly, however
Sy het egter die pyn van haar wens gewillig gedra
and she moved at the prince's side as lightly as a bubble
en sy beweeg so lig soos 'n borrel aan die prins se sy
all who saw her wondered at her graceful, swaying movements
almal wat haar gesien het, wonder oor haar grasieuse, wiegende bewegings
She was very soon arrayed in costly robes of silk and muslin
Sy is baie gou gedra in duur gewade van sy en moeselien
and she was the most beautiful creature in the palace
en sy was die mooiste skepsel in die paleis
but she appeared dumb, and could neither speak nor sing
maar sy het stom voorgekom en kon nie praat of sing nie

there were beautiful female slaves, dressed in silk and gold

daar was pragtige slavinne, geklee in sy en goud
they stepped forward and sang in front of the royal family
hulle het vorentoe gestap en voor die koninklike familie gesing
each slave could sing better than the next one
elke slaaf kon beter sing as die volgende een
and the prince clapped his hands and smiled at her
en die prins het sy hande geklap en vir haar geglimlag
This was a great sorrow to the little mermaid
Dit was 'n groot hartseer vir die klein meermin
she knew how much more sweetly she was able to sing
sy het geweet hoeveel soeter sy kon sing
"if only he knew I have given away my voice to be with him!"
"as hy maar net geweet het ek het my stem weggegee om by hom te wees!"

there was music being played by an orchestra
daar was musiek wat deur 'n orkes gespeel word
and the slaves performed some pretty, fairy-like dances
en die slawe het 'n paar mooi, sprokiesagtige danse uitgevoer
Then the little mermaid raised her lovely white arms
Toe lig die meermin haar lieflike wit arms op
she stood on the tips of her toes like a ballerina
sy staan op die punte van haar tone soos 'n ballerina
and she glided over the floor like a bird over water
en sy het oor die vloer gegly soos 'n voël oor water
and she danced as no one yet had been able to dance
en sy het gedans aangesien niemand nog kon dans nie
At each moment her beauty was more revealed
Op elke oomblik was haar skoonheid meer geopenbaar
most appealing of all, to the heart, were her expressive eyes
die mees aantreklike van almal, vir die hart, was haar ekspressiewe oë
Everyone was enchanted by her, especially the prince
Almal was deur haar betower, veral die prins

the prince called her his deaf little foundling
die prins het haar sy dowe vondelingtjie genoem
and she happily continued to dance, to please the prince
en sy het gelukkig voortgegaan om te dans, om die prins te behaag
but we must remember the pain she endured for his pleasure
maar ons moet die pyn onthou wat sy vir sy plesier verduur het
every step on the floor felt as if she trod on sharp knives
elke tree op die vloer voel asof sy op skerp messe trap

The prince said she should remain with him always
Die prins het gesê sy moet altyd by hom bly
and she was given permission to sleep at his door
en sy het toestemming gekry om by sy deur te slaap
they brought a velvet cushion for her to lie on
hulle het 'n fluweelkussing vir haar gebring om op te lê
and the prince had a page's dress made for her
en die prins het vir haar 'n page se rok laat maak
this way she could accompany him on horseback
so kon sy hom te perd vergesel
They rode together through the sweet-scented woods
Hulle het saam deur die soetgeurige bos gery
in the woods the green branches touched their shoulders
in die bos het die groen takke aan hul skouers geraak
and the little birds sang among the fresh leaves
en die voëltjies het tussen die vars blare gesing
She climbed with him to the tops of high mountains
Sy het saam met hom na die toppe van hoë berge geklim
and although her tender feet bled, she only smiled
en hoewel haar sagte voete gebloei het, het sy net geglimlag
she followed him till the clouds were beneath them
sy het hom gevolg totdat die wolke onder hulle was
like a flock of birds flying to distant lands
soos 'n swerm voëls wat na verre lande vlieg

when all were asleep she sat on the broad marble steps
toe almal slaap, sit sy op die breë marmertrappe
it eased her burning feet to bathe them in the cold water
dit het haar brandende voete verlig om hulle in die koue water te bad
It was then that she thought of all those in the sea
Dit is toe dat sy aan almal in die see gedink het
Once, during the night, her sisters came up, arm in arm
Eenkeer, gedurende die nag, het haar susters arm aan arm opgekom
they sang sorrowfully as they floated on the water
hulle het hartseer gesing terwyl hulle op die water dryf
She beckoned to them, and they recognized her
Sy het vir hulle beduie, en hulle het haar herken
they told her how they had grieved their youngest sister
hulle het haar vertel hoe hulle hul jongste suster bedroef het
after that, they came to the same place every night
daarna het hulle elke aand op dieselfde plek gekom
Once she saw in the distance her old grandmother
Eenkeer sien sy in die verte haar ou ouma
she had not been to the surface of the sea for many years
sy was vir baie jare nie op die oppervlak van die see nie
and the old Sea King, her father, with his crown on his head
en die ou Seekoning, haar vader, met sy kroon op sy kop
he too came to where she could see him
hy het ook gekom waar sy hom kon sien
They stretched out their hands towards her
Hulle het hul hande na haar uitgesteek
but they did not venture as near the land as her sisters
maar hulle het dit nie so naby die land as haar susters gewaag nie

As the days passed she loved the prince more dearly
Soos die dae verbygegaan het, het sy die prins liewer gehad
and he loved her as one would love a little child

en hy het haar liefgehad soos 'n mens 'n klein kindjie sou liefhê
The thought never came to him to make her his wife
Die gedagte het nooit by hom opgekom om haar sy vrou te maak nie
but, unless he married her, her wish would never come true
maar, tensy hy met haar getrou het, sou haar wens nooit waar word nie
unless he married her she could not receive an immortal soul
tensy hy met haar getrou het, kon sy nie 'n onsterflike siel ontvang nie
and if he married another her dreams would shatter
en as hy met 'n ander sou trou, sou haar drome verpletter
on the morning after his marriage she would dissolve
die oggend ná sy huwelik sou sy ontbind
and the little mermaid would become the foam of the sea
en die meermin sou die skuim van die see word

the prince took the little mermaid in his arms
die prins het die meermin in sy arms geneem
and he kissed her on her forehead
en hy het haar op haar voorkop gesoen
with her eyes she tried to ask him
met haar oë probeer sy hom vra
"Do you not love me the most of them all?"
"Het jy my nie die meeste van hulle almal lief nie?"
"Yes, you are dear to me," said the prince
"Ja, jy is vir my dierbaar," sê die prins
"because you have the best heart"
"want jy het die beste hart"
"and you are the most devoted to me"
"en jy is die mees toegewyde aan my"
"You are like a young maiden whom I once saw"
"Jy is soos 'n jong meisie wat ek eens gesien het"
"but I shall never meet this young maiden again"
"maar ek sal hierdie jong meisie nooit weer ontmoet nie"

"I was in a ship that was wrecked"
"Ek was in 'n skip wat gebreek het"
"and the waves cast me ashore near a holy temple"
"en die golwe het my aan wal gegooi naby 'n heilige tempel"
"at the temple several young maidens performed the service"
"by die tempel het verskeie jong meisies die diens verrig"
"The youngest maiden found me on the shore"
"Die jongste meisie het my op die wal gekry"
"and the youngest of the maidens saved my life"
"en die jongste van die meisies het my lewe gered"
"I saw her but twice," he explained
"Ek het haar maar twee keer gesien," het hy verduidelik
"and she is the only one in the world whom I could love"
"en sy is die enigste een in die wêreld vir wie ek kan liefhê"
"But you are like her," he reassured the little mermaid
"Maar jy is soos sy," stel hy die klein meermin gerus
"and you have almost driven her image from my mind"
"en jy het amper haar beeld uit my gedagtes verdryf"
"She belongs to the holy temple"
"Sy behoort aan die heilige tempel"
"good fortune has sent you instead of her to me"
"voorspoed het jou in plaas van haar na my gestuur"
"We will never part," he comforted the little mermaid
"Ons sal nooit skei nie," troos hy die meermintjie

but the little mermaid could not help but sigh
maar die meermin kon nie anders as om te sug nie
"he knows not that it was I who saved his life"
"hy weet nie dat dit ek was wat sy lewe gered het nie"
"I carried him over the sea to where the temple stands"
"Ek het hom oor die see gedra na waar die tempel staan"
"I sat beneath the foam till the human came to help him"
"Ek het onder die skuim gesit totdat die mens hom kom help het"
"I saw the pretty maiden that he loves"
"Ek het die mooi meisie gesien waarvoor hy lief is"

"the pretty maiden that he loves more than me"
"die mooi meisie wat hy meer as my liefhet"
The mermaid sighed deeply, but she could not weep
Die meermin het diep gesug, maar sy kon nie huil nie
"He says the maiden belongs to the holy temple"
"Hy sê die meisie behoort aan die heilige tempel"
"therefore she will never return to the world"
"daarom sal sy nooit terugkeer na die wêreld nie"
"they will meet no more," the little mermaid hoped
"hulle sal nie meer ontmoet nie," het die meermin gehoop
"I am by his side and see him every day"
"Ek is aan sy sy en sien hom elke dag"
"I will take care of him, and love him"
"Ek sal vir hom sorg en hom liefhê"
"and I will give up my life for his sake"
"en ek sal my lewe prysgee ter wille van hom"

The Day of the Wedding
Die dag van die troue

Very soon it was said that the prince was going to marry
Baie gou is gesê dat die prins gaan trou
there was the beautiful daughter of a neighbouring king
daar was die pragtige dogter van 'n naburige koning
it was said that she would be his wife
daar is gesê dat sy sy vrou sou wees
for the occasion a fine ship was being fitted out
vir die geleentheid is 'n mooi skip ingerig
the prince said he intended only to visit the king
die prins het gesê dat hy net van plan was om die koning te besoek
they thought he was only going so as to meet the princess
hulle het gedink hy gaan net so om die prinses te ontmoet
The little mermaid smiled and shook her head
Die klein meermin glimlag en skud haar kop
She knew the prince's thoughts better than the others
Sy ken die prins se gedagtes beter as die ander

"I must travel," he had said to her
"Ek moet reis," het hy vir haar gesê
"I must see this beautiful princess"
"Ek moet hierdie pragtige prinses sien"
"My parents want me to go and see her"
"My ouers wil hê ek moet haar gaan sien"
"but they will not oblige me to bring her home as my bride"
"maar hulle sal my nie verplig om haar huis toe te bring as my bruid nie"
"you know that I cannot love her"
"Jy weet dat ek haar nie kan liefhê nie"
"because she is not like the beautiful maiden in the temple"
"want sy is nie soos die pragtige meisie in die tempel nie"
"the beautiful maiden whom you resemble"
"die pragtige meisie na wie jy lyk"

"If I were forced to choose a bride, I would choose you"
"As ek gedwing word om 'n bruid te kies, sou ek jou kies"
"my deaf foundling, with those expressive eyes"
"my dowe vondeling, met daardie ekspressiewe oë"
Then he kissed her rosy mouth
Toe soen hy haar rooskleurige mond
and he played with her long, waving hair
en hy het met haar lang, waaiende hare gespeel
and he laid his head on her heart
en hy het sy hoof op haar hart gelê
she dreamed of human happiness and an immortal soul
sy het gedroom van menslike geluk en 'n onsterflike siel

they stood on the deck of the noble ship
hulle het op die dek van die edele skip gestaan
"You are not afraid of the sea, are you?" he said
"Jy is nie bang vir die see nie, is jy?" het hy gesê
the ship was to carry them to the neighbouring country
die skip moes hulle na die buurland vervoer
Then he told her of storms and of calms
Toe vertel hy haar van storms en van kalmte
he told her of strange fishes deep beneath the water
hy het haar vertel van vreemde visse diep onder die water
and he told her of what the divers had seen there
en hy het haar vertel wat die duikers daar gesien het
She smiled at his descriptions, slightly amused
Sy glimlag effens geamuseerd oor sy beskrywings
she knew better what wonders were at the bottom of the sea
sy het beter geweet watter wonders op die bodem van die see was

the little mermaid sat on the deck at moonlight
die meermin het by maanlig op die dek gesit
all on board were asleep, except the man at the helm
almal aan boord het geslaap, behalwe die man aan die stuur
and she gazed down through the clear water

en sy kyk af deur die helder water
She thought she could distinguish her father's castle
Sy het gedink sy kan haar pa se kasteel onderskei
and in the castle she could see her aged grandmother
en in die kasteel kon sy haar bejaarde ouma sien
Then her sisters came out of the waves
Toe kom haar susters uit die branders
and they gazed at their sister mournfully
en hulle het hul suster bedroef aangekyk
She beckoned to her sisters, and smiled
Sy wink vir haar susters en glimlag
she wanted to tell them how happy and well off she was
sy wou vir hulle vertel hoe gelukkig en welgesteld sy is
But the cabin boy approached and her sisters dived down
Maar die kajuit seuntjie het nader gekom en haar susters het afgeduik
he thought what he saw was the foam of the sea
hy het gedink wat hy sien is die skuim van die see

The next morning the ship got into the harbour
Die volgende oggend het die skip in die hawe gekom
they had arrived in a beautiful coastal town
hulle het in 'n pragtige kusdorpie aangekom
on their arrival they were greeted by church bells
met hul aankoms is hulle deur kerkklokke begroet
and from the high towers sounded a flourish of trumpets
en uit die hoë torings het 'n geblaas van trompette geblaas
soldiers lined the roads through which they passed
soldate het langs die paaie gestaan waardeur hulle gery het
Soldiers, with flying colors and glittering bayonets
Soldate, met vlieënde vaandels en glinsterende bajonette
Every day that they were there there was a festival
Elke dag wat hulle daar was was daar 'n fees
balls and entertainments were organised for the event
balle en vermaak is vir die geleentheid gereël
But the princess had not yet made her appearance

Maar die prinses het nog nie haar verskyning gemaak nie
she had been brought up and educated in a religious house
sy is grootgemaak en opgevoed in 'n godsdienstige huis
she was learning every royal virtue of a princess
sy het elke koninklike deug van 'n prinses geleer

At last, the princess made her royal appearance
Uiteindelik het die prinses haar koninklike verskyning gemaak
The little mermaid was anxious to see her
Die klein meermin was angstig om haar te sien
she had to know whether she really was beautiful
sy moes weet of sy regtig mooi is
and she was obliged to admit she really was beautiful
en sy was verplig om te erken sy was regtig pragtig
she had never seen a more perfect vision of beauty
sy het nog nooit 'n meer perfekte visie van skoonheid gesien nie
Her skin was delicately fair
Haar vel was delikaat lig
and her laughing blue eyes shone with truth and purity
en haar laggende blou oë blink van waarheid en reinheid
"It was you," said the prince
"Dit was jy," sê die prins
"you saved my life when I lay as if dead on the beach"
"Jy het my lewe gered toe ek asof dood op die strand gelê het"
"and he held his blushing bride in his arms"
"en hy het sy blosende bruid in sy arms gehou"

"Oh, I am too happy!" said he to the little mermaid
"O, ek is te bly!" sê hy vir die meermin
"my fondest hopes are now fulfilled"
"My diepste hoop is nou vervul"
"You will rejoice at my happiness"
"Jy sal bly wees oor my geluk"
"because your devotion to me is great and sincere"

"omdat jou toewyding aan my groot en opreg is"
The little mermaid kissed the prince's hand
Die klein meermin het die prins se hand gesoen
and she felt as if her heart were already broken
en sy voel asof haar hart reeds gebreek is
the morning of his wedding was going to bring death to her
die oggend van sy troue gaan haar die dood bring
she knew she was to become the foam of the sea
sy het geweet sy gaan die skuim van die see word

the sound of the church bells rang through the town
die klank van die kerkklokke het deur die dorp gelui
the heralds rode through the town proclaiming the betrothal
die herouteurs het deur die dorp gery en die verlowing afgekondig
Perfumed oil was burned in silver lamps on every altar
Geparfumeerde olie is in silwer lampe op elke altaar verbrand
The priests waved the censers over the couple
Die priesters het die wierookpanne oor die egpaar geswaai
and the bride and the bridegroom joined their hands
en die bruid en die bruidegom het hulle hande gevat
and they received the blessing of the bishop
en hulle het die seën van die biskop ontvang
The little mermaid was dressed in silk and gold
Die meermin was geklee in sy en goud
she held up the bride's dress, in great pain
sy hou die bruid se rok omhoog, in groot pyn
but her ears heard nothing of the festive music
maar haar ore het niks van die feestelike musiek gehoor nie
and her eyes saw not the holy ceremony
en haar oë het die heilige seremonie nie gesien nie
She thought of the night of death coming to her
Sy het gedink aan die nag van dood wat na haar toe kom
and she mourned for all she had lost in the world
en sy het getreur oor alles wat sy in die wêreld verloor het

that evening the bride and bridegroom boarded the ship
daardie aand het die bruid en bruidegom op die skip geklim
the ship's cannons were roaring to celebrate the event
die skip se kanonne het gebrul om die gebeurtenis te vier
and all the flags of the kingdom were waving
en al die vlae van die koninkryk het gewaai
in the centre of the ship a tent had been erected
in die middel van die skip is 'n tent opgerig
in the tent were the sleeping couches for the newlyweds
in die tent was die slaapbanke vir die pasgetroudes
the winds were favourable for navigating the calm sea
die winde was gunstig om deur die kalm see te vaar
and the ship glided as smoothly as the birds of the sky
en die skip het so glad gegly soos die voëls van die hemel

When it grew dark, a number of colored lamps were lighted
Toe dit donker word, is 'n aantal gekleurde lampe aangesteek
the sailors and royal family danced merrily on the deck
die matrose en koninklike familie het vrolik op die dek gedans
The little mermaid could not help thinking of her birthday
Die klein meermin kon nie help om aan haar verjaardag te dink nie
the day that she rose out of the sea for the first time
die dag toe sy vir die eerste keer uit die see opgestaan het
similar joyful festivities were celebrated on that day
soortgelyke vreugdevolle feeste is op daardie dag gevier
she thought about the wonder and hope she felt that day
sy dink aan die wonder en hoop wat sy daardie dag gevoel het
with those pleasant memories, she too joined in the dance
met daardie aangename herinneringe het sy ook aan die dans deelgeneem
on her paining feet, she poised herself in the air
op haar pynlike voete staan sy in die lug
the way a swallow poises itself when in pursued of prey
die manier waarop 'n swael homself regstel wanneer hy van prooi agtervolg word

the sailors and the servants cheered her wonderingly
die matrose en die bediendes het haar verwonderd toegejuig
She had never danced so gracefully before
Sy het nog nooit voorheen so grasieus gedans nie
Her tender feet felt as if cut with sharp knives
Haar sagte voete voel asof sy met skerp messe gesny is
but she cared little for the pain of her feet
maar sy het min omgegee vir die pyn van haar voete
there was a much sharper pain piercing her heart
daar was 'n baie skerper pyn wat haar hart deurboor

She knew this was the last evening she would ever see him
Sy het geweet dit is die laaste aand wat sy hom ooit sal sien
the prince for whom she had forsaken her kindred and home
die prins vir wie sy haar familie en huis verlaat het
She had given up her beautiful voice for him
Sy het haar pragtige stem vir hom prysgegee
and every day she had suffered unheard-of pain for him
en elke dag het sy ongehoorde pyn vir hom gely
she suffered all this, while he knew nothing of her pain
sy het dit alles gely, terwyl hy niks van haar pyn geweet het nie
it was the last evening she would breath the same air as him
dit was die laaste aand wat sy dieselfde lug as hy sou inasem
it was the last evening she would gaze on the same starry sky
dit was die laaste aand wat sy na dieselfde sterrehemel sou staar
it was the last evening she would gaze into the deep sea
dit was die laaste aand wat sy in die diepsee sou kyk
it was the last evening she would gaze into the eternal night
dit was die laaste aand wat sy in die ewige nag sou tuur
an eternal night without thoughts or dreams awaited her
'n ewige nag sonder gedagtes of drome het op haar gewag
She was born without a soul, and now she could never win one

Sy is sonder 'n siel gebore, en nou kon sy nooit een wen nie

All was joy and gaiety on the ship until long after midnight
Alles was vreugde en vrolikheid op die skip tot lank na middernag
She smiled and danced with the others on the royal ship
Sy het geglimlag en saam met die ander op die koninklike skip gedans
but she danced while the thought of death was in her heart
maar sy het gedans terwyl die gedagte aan die dood in haar hart was
she had to watch the prince dance with the princess
sy moes kyk hoe die prins met die prinses dans
she had to watch when the prince kissed his beautiful bride
sy moes kyk toe die prins sy pragtige bruid soen
she had to watch her play with the prince's raven hair
sy moes kyk hoe sy met die prins se kraaihare speel
and she had to watch them enter the tent, arm in arm
en sy moes toekyk hoe hulle arm aan arm by die tent ingaan

After the Wedding
Na die troue

After they had gone all became still on board the ship
Nadat hulle gegaan het, het almal stil geword aan boord van die skip
only the pilot, who stood at the helm, was still awake
net die vlieënier, wat aan die stuur gestaan het, was nog wakker
The little mermaid leaned on the edge of the vessel
Die klein meermin het op die rand van die vaartuig geleun
she looked towards the east for the first blush of morning
sy kyk na die ooste vir die eerste blos van die oggend
the first ray of the dawn, which was to be her death
die eerste straal van die dagbreek, wat haar dood sou wees
from far away she saw her sisters rising out of the sea
van ver af het sy haar susters uit die see sien opstaan
They were as pale with fear as she was
Hulle was so bleek van vrees soos sy
but their beautiful hair no longer waved in the wind
maar hulle pragtige hare waai nie meer in die wind nie
"We have given our hair to the witch," said they
"Ons het ons hare vir die heks gegee," sê hulle
"so that you do not have to die tonight"
"sodat jy nie vanaand hoef te sterf nie"
"for our hair we have obtained this knife"
"vir ons hare het ons hierdie mes gekry"
"Before the sun rises you must use this knife"
"Voordat die son opkom moet jy hierdie mes gebruik"
"you must plunge the knife into the heart of the prince"
"jy moet die mes in die hart van die prins steek"
"the warm blood of the prince must fall upon your feet"
"die warm bloed van die prins moet op jou voete val"
"and then your feet will grow together again"
"en dan sal jou voete weer saam groei"
"where you have legs you will have a fish's tail again"

"waar jy bene het sal jy weer 'n vis se stert hê"
"and where you were human you will once more be a mermaid"
"en waar jy mens was, sal jy weer 'n meermin wees"
"then you can return to live with us, under the sea"
"dan kan jy teruggaan om by ons te woon, onder die see"
"and you will be given your three hundred years of a mermaid"
"en jy sal jou driehonderd jaar van 'n meermin gegee word"
"and only then will you be changed into the salty sea foam"
"en eers dan sal jy verander word in die sout seeskuim"
"Haste, then; either he or you must die before sunrise"
"Maak gou, of hy of jy moet voor sonop sterf"
"our old grandmother mourns for you day and night"
"ons ou ouma treur dag en nag oor jou"
"her white hair is falling out"
"haar wit hare val uit"
"just as our hair fell under the witch's scissors"
"net soos ons hare onder die heks se skêr val"
"Kill the prince, and come back," they begged her
"Maak die prins dood, en kom terug," het hulle haar gesmeek
"Do you not see the first red streaks in the sky?"
"Sien jy nie die eerste rooi strepe in die lug nie?"
"In a few minutes the sun will rise, and you will die"
"Oor 'n paar minute sal die son opkom, en jy sal sterf"
having done their best, her sisters sighed deeply
nadat sy hul bes gedoen het, sug haar susters diep
mournfully her sisters sank back beneath the waves
treurig sak haar susters terug onder die branders
and the little mermaid was left with the knife in her hands
en die meermin het met die mes in haar hande gelaat

she drew back the crimson curtain of the tent
sy trek die karmosynrooi gordyn van die tent terug
and in the tent she saw the beautiful bride
en in die tent het sy die pragtige bruid gesien

her face was resting on the prince's breast
haar gesig het op die prins se bors gerus
and then the little mermaid looked at the sky
en toe kyk die meermin na die lug
on the horizon the rosy dawn grew brighter and brighter
op die horison het die rooskleurige dagbreek al hoe helderder geword
She glanced at the sharp knife in her hands
Sy kyk vlugtig na die skerp mes in haar hande
and again she fixed her eyes on the prince
en weer het sy haar oë op die prins gerig
She bent down and kissed his noble brow
Sy buk af en soen sy edele voorkop
he whispered the name of his bride in his dreams
hy het die naam van sy bruid in sy drome gefluister
he was dreaming of the princess he had married
hy het gedroom van die prinses met wie hy getrou het
the knife trembled in the hand of the little mermaid
die mes bewe in die hand van die meermin
but she flung the knife far into the sea
maar sy het die mes ver in die see gegooi

where the knife fell the water turned red
waar die mes geval het, het die water rooi geword
the drops that spurted up looked like blood
die druppels wat opgespring het, het soos bloed gelyk
She cast one last look upon the prince she loved
Sy het 'n laaste kyk na die prins wat sy liefgehad het
the sun pierced the sky with its golden arrows
die son het die lug deurboor met sy goue pyle
and she threw herself from the ship into the sea
en sy het haarself van die skip in die see gegooi
the little mermaid felt her body dissolving into foam
die meermin voel hoe haar lyf in skuim oplos
and all that rose to the surface were bubbles of air
en al wat na die oppervlak opgekom het, was lugborrels

the sun's warm rays fell upon the cold foam
die son se warm strale het op die koue skuim geval
but she did not feel as if she were dying
maar sy het nie gevoel asof sy besig was om te sterf nie
in a strange way she felt the warmth of the bright sun
op 'n vreemde manier voel sy die warmte van die helder son
she saw hundreds of beautiful transparent creatures
sy het honderde pragtige deursigtige wesens gesien
the creatures were floating all around her
die wesens het oral om haar gesweef
through the creatures she could see the white sails of the ships
deur die wesens kon sy die wit seile van die skepe sien
and between the sails of the ships she saw the red clouds in the sky
en tussen die seile van die skepe het sy die rooi wolke in die lug gesien
Their speech was melodious and childlike
Hulle toespraak was melodieus en kinderlik
but their speech could not be heard by mortal ears
maar hulle spraak kon nie deur sterflike ore gehoor word nie
nor could their bodies be seen by mortal eyes
hulle liggame kon ook nie deur sterflike oë gesien word nie
The little mermaid perceived that she was like them
Die klein meermin het besef dat sy soos hulle was
and she felt that she was rising higher and higher
en sy het gevoel dat sy hoër en hoër uitstyg
"Where am I?" asked she, and her voice sounded ethereal
"Waar is ek?" vra sy, en haar stem klink eteries
there is no earthly music that could imitate her
daar is geen aardse musiek wat haar kan naboots nie
"you are among the daughters of the air," answered one of them
"Jy is onder die dogters van die lug," antwoord een van hulle
"A mermaid has not an immortal soul"
"'n Meermin het nie 'n onsterflike siel nie"

"nor can mermaids obtain immortal souls"
"meerminne kan ook nie onsterflike siele verkry nie"
"unless she wins the love of a human being"
"tensy sy die liefde van 'n mens wen"
"on the will of another hangs her eternal destiny"
"aan die wil van 'n ander hang haar ewige lot"
"like you, we do not have immortal souls either"
"soos jy het ons ook nie onsterflike siele nie"
"but we can obtain an immortal soul by our deeds"
"maar ons kan 'n onsterflike siel verkry deur ons dade"
"We fly to warm countries and cool the sultry air"
"Ons vlieg na warm lande en koel die bedompige lug af"
"the heat that destroys mankind with pestilence"
"die hitte wat die mensdom met pes vernietig"
"We carry the perfume of the flowers"
"Ons dra die geur van die blomme"
"and we spread health and restoration"
"en ons versprei gesondheid en herstel"

"for three hundred years we travel the world like this"
"vir driehonderd jaar reis ons so deur die wêreld"
"in that time we strive to do all the good in our power"
"in daardie tyd streef ons daarna om al die goeie in ons vermoë te doen"
"if we succeed we receive an immortal soul"
"as ons daarin slaag, ontvang ons 'n onsterflike siel"
"and then we too take part in the happiness of mankind"
"en dan neem ons ook deel aan die geluk van die mensdom"
"You, poor little mermaid, have done your best"
"Jy, arme meermin, het jou bes gedoen"
"you have tried with your whole heart to do as we are doing"
"Jy het met jou hele hart probeer doen soos ons doen"
"You have suffered and endured an enormous pain"
"Jy het 'n geweldige pyn gely en verduur"
"by your good deeds you raised yourself to the spirit world"

"Deur jou goeie dade het jy jouself tot die geesteswêreld verhef"
"and now you will live alongside us for three hundred years"
"en nou sal jy driehonderd jaar langs ons woon"
"by striving like us, you may obtain an immortal soul"
"deur te streef soos ons, kan jy 'n onsterflike siel verkry"
The little mermaid lifted her glorified eyes toward the sun
Die klein meermin lig haar verheerlikte oë na die son
for the first time, she felt her eyes filling with tears
vir die eerste keer voel sy hoe haar oë vol trane word

On the ship she had left there was life and noise
Op die skip wat sy verlaat het, was daar lewe en geraas
she saw the prince and his beautiful bride searching for her
sy het gesien hoe die prins en sy pragtige bruid na haar soek
Sorrowfully, they gazed at the pearly foam
Bedroef kyk hulle na die pêrelskuim
it was as if they knew she had thrown herself into the waves
dit was asof hulle geweet het sy het haarself in die branders gegooi
Unseen, she kissed the forehead of the bride
Ongesiens soen sy die bruid se voorkop
and then she rose with the other children of the air
en toe staan sy op saam met die ander kinders van die lug
together they went to a rosy cloud that floated above
saam is hulle na 'n rooskleurige wolk wat daarbo gesweef het

"After three hundred years," one of them started explaining
"Na driehonderd jaar," het een van hulle begin verduidelik
"then we shall float into the kingdom of heaven," said she
"dan sal ons in die koninkryk van die hemel dryf," het sy gesê
"And we may even get there sooner," whispered a companion
"En ons kan selfs gouer daar kom," fluister 'n metgesel
"Unseen we can enter the houses where there are children"
"Ons kan ongesiens in die huise ingaan waar daar kinders is"

"in some of the houses we find good children"
"in sommige van die huise kry ons goeie kinders"
"these children are the joy of their parents"
"Hierdie kinders is die vreugde van hul ouers"
"and these children deserve the love of their parents"
"en hierdie kinders verdien die liefde van hul ouers"
"such children shorten the time of our probation"
"sulke kinders verkort die tyd van ons proeftydperk"
"The child does not know when we fly through the room"
"Die kind weet nie wanneer ons deur die kamer vlieg nie"
"and they don't know that we smile with joy at their good conduct"
"en hulle weet nie dat ons van blydskap glimlag oor hulle goeie gedrag nie"
"because then our judgement comes one day sooner"
"want dan kom ons oordeel eendag gouer"
"But we see naughty and wicked children too"
"Maar ons sien ook stoute en goddelose kinders"
"when we see such children we shed tears of sorrow"
"As ons sulke kinders sien stort ons trane van hartseer"
"and for every tear we shed a day is added to our time"
"en vir elke traan wat ons stort word 'n dag by ons tyd gevoeg"

www.tranzlaty.com

www.ingramcontent.com/pod-product-compliance
Lightning Source LLC
Chambersburg PA
CBHW01200809052
44590CB00026B/3921